W0299471

Emmanuel Maennlein

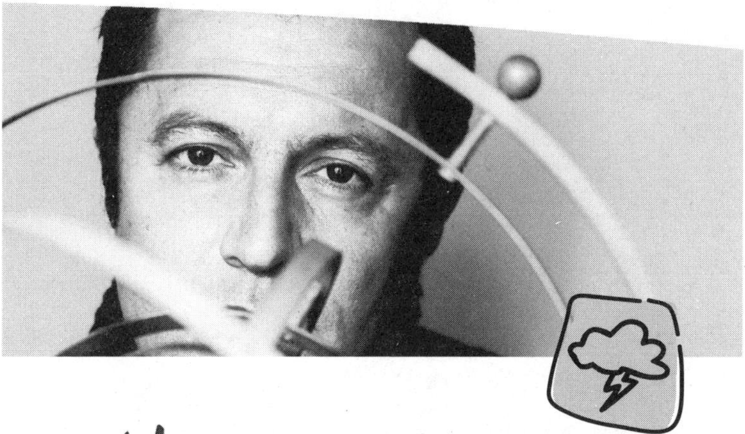

Médiums, astrologues, guérisseurs... Ce qu'ils ne vous disent pas

BLF Europe • Rue de Maubeuge
59164 Marpent • France

En collaboration avec FE

Médiums, astrologues, guérisseurs…
Ce qu'ils ne vous disent pas
Emmanuel Maennlein

Rue de Maubeuge • 59164 Marpent • France

Merci à Alain Stamp pour la supervision du travail.

Couverture et mise en page : Éditions BLF • www.blfeurope.com
Impression n° 93054 • IMEAF • 26160 La Bégude de Mazenc

978-2-910246-72-3 ISBN BLF version brochée
978-2-36249-087-3 ISBN BLF version PDF
978-2-36249-088-0 ISBN BLF version Mobipocket
978-2-36249-086-6 ISBN BLF version ePub

Dépôt légal 1er trimestre 2012
Index Dewey (CDD) : 261.513
Mots clés : 1. Occultisme. Parapsychologie. Astrologie.
2. Évangile. Église et société.

À Anne Maennlein,
ma grand-mère.
Tu m'as donné le plus
grand des trésors.

Remerciements

Alain Stamp, c'est à toi d'abord que je tiens à exprimer ma gratitude.

Depuis plusieurs années tu suis de près mon cheminement. Avec constance et foi, tu m'as soutenu, formé, encouragé, poussé, en particulier dans l'écriture de ce premier ouvrage. S'il voit le jour aujourd'hui, c'est parce que tu y as cru bien plus que moi. Merci.

Ma reconnaissance se manifeste aussi à tous ceux qui ont, d'une manière ou d'une autre, inspiré ce livre et qui ont participé à l'enrichir, à le compléter ou à le diffuser par leur témoignage, leur éclairage, leurs remarques et leurs questions.

Le mot de la fin est pour toi Fabienne. Tu es la première à toujours avoir cru en moi. Merci.

Introduction

Les phénomènes paranormaux rencontrent un vif succès. Voici quelques chiffres :

- Dix à douze millions de Français consultent chaque année un voyant, un médium, un guérisseur ou un professionnel du paranormal ;
- Un jeune sur deux (18-24 ans) croit à l'astrologie ;
- Plus de la moitié des Français lisent ponctuellement leur horoscope ;
- Le degré de croyance au paranormal est proportionnel au niveau d'études effectuées. Plus le niveau d'études est élevé, plus la croyance au paranormal est fréquente ;
- Chaque année 3,2 milliards d'euros minimum – dont un pourcentage élevé non déclaré au fisc ! – sont dépensés chez les astrologues [1].

Au pays de Descartes, un tel engouement surprend. Comment expliquer, cependant, que nous voulons voir et toucher avant de croire, comme saint Thomas ? Plusieurs raisons permettent de comprendre cet intérêt :

- Nous vivons dans un monde incertain. Un monde fragile, changeant, précaire. Plus que jamais, l'homme sait qu'il est vulnérable. Nous maîtrisons de moins en moins notre environnement. En-

---

[1] Martine Laronche, in *Le Monde* du 3 juillet 2011, rubrique « & vous ».

core moins notre propre existence ou celle de nos proches. Tout va vite, trop vite. Dans un monde en perpétuel mouvement, nous avons besoin d'être rassurés, confortés, encouragés, soutenus, sécurisés. De pouvoir nous projeter. D'espérer.

- Notre société est aussi devenue très technique. La technologie nous facilite la vie. Que serions-nous sans notre téléphone portable, mp3, ordinateur portable, écran plat, micro-ondes ou notre voiture ? Certes nous pourrions vivre sans. Mais c'est tellement mieux avec. Un écran plat 3D peut-il apporter la paix intérieure ? Il permettra de vous évader le temps d'un film. Puis la réalité reprendra le dessus. Ce n'est pas lui qui vous dira d'où vous venez, où vous allez, quel est le mode d'emploi de la vie et comment trouver la sérénité.
- Un mot sur la crédulité. Elle bat tous les records au pays de Descartes. Saviez-vous qu'elle se retrouve à tous les niveaux de l'échelle sociale ? Certaines catégories socioprofessionnelles sont plus crédules que d'autres. Contrairement aux idées reçues, ce ne sont pas les ouvriers, employés ou commerçants mais les professeurs des écoles et les personnes ayant un niveau d'études supérieures. Les enseignants forment le groupe qui croit le plus fréquemment à l'astrologie et au paranormal. Curieux pour un groupe réputé rationaliste et ne croyant que ce qu'il voit. Dans bien des sectes on retrouve également des avocats, médecins et autres personnes bardées de diplômes. L'érudition ne met pas à l'abri de la superstition. La sagesse ne s'acquiert pas avec des diplômes.

Clarifions certaines notions

Les différentes pratiques qui seront abordées ou citées dans cet ouvrage appartiennent à la grande famille de l'occultisme. Le terme « occultisme » apparaît au 19e siècle. Le mot est donc récent. Mais les croyances et pratiques qui le composent sont anciennes et font appel à d'antiques savoirs cachés.

Le terme « occultisme » vient du latin *occultus* qui signifie « caché, secret ». Selon le dictionnaire du *Petit Robert*, l'occultisme croit « à l'existence de réalités suprasensibles qui seraient perceptibles par les méthodes [...] occultes [...] et pratiques qui s'y rattachent[2] ». En clair, l'occultisme croit à l'existence de puissances invisibles. Les effets sont évidents mais l'origine de la puissance reste cachée.

Illustration. Je me brûle le bras en allumant mon barbecue. Je vais voir un guérisseur ou je lui téléphone. Il marmonne des paroles inaudibles. Quelques heures plus tard, ma peau est lisse comme celle d'un bébé. Ma brûlure a complètement disparu. Je n'ai plus aucune douleur. L'effet est bien visible. Mais la puissance qui a permis cette guérison, elle, ne l'est pas.

Deux grandes familles se partagent l'appellation « occulte ». La première peut être qualifiée « d'occultisme lourd ». Dans le sens de noir, de glauque. C'est le cas, entre autres, de la sorcellerie et autres magies visant à nuire, casser, éliminer, détruire. Nous n'en parlerons pas dans ce livre.

À côté de cela, existe un occultisme plus courant, banalisé. C'est l'occultisme du peuple. Il se propose d'aider, de secourir, de guérir, d'apaiser, de redonner confiance. Cette catégorie renferme des centaines de pratiques. Les plus connues ? L'astrologie, l'horoscope, la guérison, le contact avec les esprits, les médecines magiques, etc. Dans l'esprit du grand public, ces pratiques n'ont rien à voir avec l'occultisme. Elles n'ont pas de connotations dangereuses puisqu'il s'agit de « faire du bien ». D'aider. De soulager. De guérir.

---

[2] *Le nouveau petit Robert*, Éd. Dictionnaires Le Robert, Paris, 2004, s.v. « occultisme ».

Pourtant, en les examinant de plus près, elles entrent exactement dans la définition de l'occultisme proposée ci-dessus.

Mon objectif n'est pas de proposer un panorama complet sur le sujet. Je me concentrerai uniquement sur quelques aspects. Sur des pratiques considérées comme anodines, sans danger. En particulier sur les deux portes d'entrées les plus connues et pratiquées dans l'hexagone : l'astrologie et la guérison. Un chapitre sera aussi consacré à des questions posées lors de mes conférences sur le sujet.

Progressivement le voile sera levé. Vous découvrirez la partie immergée de l'iceberg. Ce que peu de personnes savent ou osent dire. Leurs secrets vous seront révélés. Vous verrez les choses sous un nouvel éclairage. Différent. Il surprendra, déroutera, voire dérangera profondément certains. Peu importe. Laissez-vous bousculer dans vos croyances. Laissez-vous interpeller par la personne dont il sera question à travers ces pages. Pour sûr, il apportera un grand souffle de liberté dans votre vie.

Bonne lecture.

Chapitre 1

Voyance, astrologie et Cie

Des extralucides par milliers !

Depuis plusieurs années, la voyance connaît un regain d'intérêt auprès des hommes comme des femmes. Chaque mois, des dizaines d'ouvrages sont publiés sur l'astrologie, les cartes, la voyance, la possibilité de comprendre notre vie et de décrypter notre avenir. J'ai même découvert, dernièrement, dans une librairie de grande enseigne, un livre avec une boule de cristal et tout le matériel nécessaire pour s'exercer à la voyance ! L'essentiel est de vendre. Selon les chiffres (à manier toutefois avec prudence), il y aurait plusieurs milliers de voyants. Certains avancent même le chiffre de 50 000 extralucides en France [3].

[3] Martine Laronche, in *Le Monde* du 3 juillet 2011, rubrique « & vous ».

Un personnage-clé

Pour décrypter l'avenir et entrer en contact avec le surnaturel, il faut un intermédiaire. Il s'agit d'un homme ou d'une femme qui sert de passerelle entre le monde visible et le monde invisible. Il est le personnage-clé. On parle de voyants, devins, marabouts, astrologues et médiums. Tous ces termes font référence à une seule et même réalité.

Le postulat de base de toutes ces pratiques cachées est que nous sommes entourés d'un monde peuplé d'esprits, de forces, d'énergies et d'êtres dont il faut s'attirer les bonnes grâces. Pour entrer en contact avec ce monde, un médiateur est nécessaire. À moins d'avoir soi-même des dons, dons souvent transmis dans le cadre de la famille ou d'une initiation.

Ce qui est vrai pour la voyance l'est aussi pour d'autres pratiques : pour les guérisseurs ou magnétiseurs, par exemple. À chaque fois vous trouverez un intermédiaire qui fera office de passerelle. De lien entre notre réalité et le monde invisible.

En voyance, plus on invente, plus on s'approche de la vérité

Parmi ces voyants, vous trouvez de tout. Dont un bon nombre de charlatans, d'escrocs, de bandits. Voyants, ils le sont, en effet. Mais la seule chose qu'ils voient, c'est votre argent. Votre carte bancaire. Ils ne sont en contact avec aucun monde spirituel, si ce n'est celui de votre crédulité. Lors d'une émission télévisée, une voyante connue révélait ses tarifs : 135 € pour 1 h 30 de consultation. D'autres vont jusqu'à 270 € la séance. Face à l'indignation du public, cette voyante, pour justifier son prix, faisait valoir sa grande expérience, le temps passé à établir le contact avec le client, les délicates attentions pour le mettre à l'aise. Et un des invités de préciser, avec justesse : « Le temps d'apprendre la manipulation » !

Ces voyants sont de fins observateurs. En effet, nul besoin de posséder un don pour « voir » dans la vie d'un individu. Dans une certaine mesure, avec un peu d'entraînement, vous et moi pourrions aisément y parvenir. Il suffit de s'intéresser à son prochain. De savoir l'écouter. L'observer, discerner ce qu'il vit. On appelle cela l'empathie. Notre corps, nos mouvements, l'expression de notre regard, l'intonation de notre voix, les traits de notre visage, bref tout en nous parle. Ne dit-on pas que « ce que tu es parle plus fort que ce que tu dis » ?

Certains rétorqueront : « Oui mais, il y a quand même des faits troublants. Que penser par exemple des prédictions de voyants qui se réalisent ? » S'agit-il d'un coup de chance, de manipulation, d'observation ou de don ? L'astrologue bien connue et très controversée Élisabeth Teissier écrit régulièrement qu'elle situe son niveau de réussite à 80, voire 90 %.

Un test a été effectué par l'université de Nice en 2000. Vingt-deux de ses prévisions pour l'an 2000 ont été comparées à vingt-deux prévisions d'un sceptique et à vingt-deux prévisions d'un ordinateur. L'objectif d'Élisabeth Teissier était d'avoir 16 réussites (au minimum, soit 80 % de vingt-deux). Résultats : ordinateur, 8 réussites ; sceptique, 7 réussites et Élisabeth Teissier, 7 réussites. Conclusion : absence totale de don particulier de Madame Teissier[4].

Comme l'a dit Didier Bourdon lors d'une émission télévisée consacrée au sujet « En voyance, plus on invente, plus on s'approche de la vérité » : « Prédisez, il y restera toujours quelque chose de juste. Personne ne peut se tromper indéfiniment[5] ». Le professeur Henri Broch fait ainsi remarquer que

---

[4] Voir sa biographie sur Wikipédia, « Évaluation de ses performances ». URL : http://fr.wikipedia.org/wiki/Élizabeth_Teissier (page consultée le 10 juin 2011).

[5] *On a tout essayé*, France 2, émission du 1er décembre 2006.

« sur cent propositions, une sera obligatoirement bonne et le public retiendra celle-là[6] ».

Combien se rappellent que Madame Teissier avait prévu le vaccin du sida pour 1987 ? On attend toujours la réponse des astres.

La fameuse et fumeuse astrologie

Restons dans les astres. Selon un sondage, 90 % des personnes connaissent leur signe astrologique et 50 % y croient (étude de la Sofres, 1998). Étymologiquement, l'astrologie n'est qu'un discours sur les astres. Elle s'intéresse principalement au soleil et aux planètes du système solaire. L'astrologie annonce qu'elle peut prévoir des événements très précis et facilement vérifiables. Nul ne remet en question que les astres, comme la lune, exercent une influence sur les marées, les personnes âgées et les enfants. Ce sont là des phénomènes observables par chacun et largement expliqués par la science. Mais de là à nous convaincre que les astres peuvent nous permettre de comprendre notre personnalité, de décrire nos chemins de vie, de découvrir notre destinée, d'influencer notre existence, etc., il y a un grand pas à faire ! Depuis quand les astres peuvent-ils décider de ce que sera notre vie ou des événements à venir ?

L'astrologie se divise en deux groupes. L'une est qualifiée de « savante ». Elle est pratiquée par des professionnels. Elle utilise un langage compliqué, truffé de signes, de schémas, de dessins et de calculs en tous genres. Cela donne un aspect sérieux, presque scientifique. Juste un rappel : si astrologie et astronomie partagent leurs racines historiques, les deux sont maintenant entièrement détachées et parfaitement distinctes. L'astronomie est une science. L'astrologie, non.

---

6 Site Internet de l'Association Française pour l'Information Scientifique (AFIS). URL : http://www.pseudo-sciences.org/spip.php?article657 (page consultée le 10 juin 2011).

C'est une croyance qui n'a rien de sérieux. N'en déplaise à ceux qui s'évertuent à entretenir la confusion.

À côté de cette astrologie « savante », se trouve l'astrologie populaire. Elle se décline en particulier via l'horoscope. Saviez-vous que le mot « horoscope » est l'un des vingt premiers mots-clés sur Internet ? C'est pour trouver une réponse à des questions existentielles que beaucoup d'entre nous se précipitent sur leur horoscope chaque jour. Nous espérons que les astres nous apporteront ce que nous désirons le plus : l'amour, l'argent, la santé, une vie sociale épanouie, etc. Certains sont convaincus : « L'astrologie, ça marche ! La preuve, ce que mon horoscope m'a prédit s'est réalisé ». En effet, l'horoscope fonctionne en partie. Mais comme le faisait remarquer quelqu'un, cela n'entraîne pas pour autant la validité de l'astrologie. Si je lis mon horoscope, je risque de me reconnaître dans les descriptions de plusieurs signes. Comment expliquer ce fait ?

L'horoscope : le secret révélé

Si l'horoscope fonctionne en partie, c'est grâce à ce qu'on appelle « l'effet puits ». Plus un discours est « profond » – dans le sens de « creux, vague, général » – et plus le lecteur peut s'identifier. Selon Henri Broch, professeur de physique à l'université de Nice Sophia Antipolis :

> L'effet puits (effet « Barnum ») offre ainsi une succession de phrases creuses qui peuvent être acceptées comme foncièrement vraies par toute personne car cette personne y ajoutera elle-même les *circonstances* qui, seules, en font des phrases ayant un sens [7].

[7] Henri Broch, blog de zététique. URL : http://zetetique.canalblog.com/archives/2007/10/05/6379121.html (page consultée le 10 juin 11). Voir aussi sur « l'effet puits » et l'horoscope : *Devenez sorciers, devenez savants*, Georges Charpak (prix Nobel de physique 1992) et Henri Broch, docteurs ès sciences, éd. Odile Jacob, coll. « Sciences », septembre 2003.

(Le principe est appliqué par bien des politiciens. Et il fait toujours recette !) Henri Broch relate l'expérience suivante. Réalisée à plusieurs reprises avec des étudiants de second cycle et au milieu du 20e siècle par un psychologue américain, cette expérience révèle le fonctionnement de « l'effet puits ». Henri Broch a demandé à chacun de ses élèves d'écrire sur une feuille sa date, son heure et son lieu de naissance ainsi que le thème de son dernier rêve. À travers ces informations, il se proposait de leur fournir une description personnalisée de leur caractère. Une semaine après, il leur rendit leur copie. À la question « Est-ce que cela correspond ? », six options étaient proposées : excellent, bon, assez bon, assez mauvais, mauvais, faux. 69 % des étudiants ont jugé que la description de leur caractère était excellente, bonne ou assez bonne. Puis il demanda à un étudiant de lire sa copie. Et à un autre. Tous s'aperçurent qu'ils avaient exactement la même description.

Voici quelques-unes des descriptions faites :

- Vous avez besoin que les autres personnes vous aiment et vous admirent, mais vous êtes tout de même apte à être critique envers vous-même ;
- Bien que vous ayez quelques faiblesses de caractère, vous êtes généralement capable de les compenser ;
- Vous possédez de considérables capacités non employées que vous n'avez pas utilisées à votre avantage ;
- Quelques-unes de vos aspirations ont tendance à être assez irréalistes ;
- Discipliné et faisant preuve de *self-control* extérieurement, vous avez tendance à être soucieux et incertain au-dedans. Quelquefois vous avez même de sérieux doutes quant à savoir si vous avez pris la bonne décision ;

- Vous préférez un peu de changement et de variété et êtes insatisfait lorsque vous êtes bloqué par des restrictions ou des limitations ;
- Parfois vous êtes extraverti, accueillant et sociable alors que d'autres fois vous êtes introverti, prudent et réservé ;
- Vous êtes également fier de vous-même en tant que penseur indépendant et n'acceptez pas les déclarations des autres sans preuve satisfaisante. Vous trouvez imprudent d'être trop franc en vous révélant vous-même aux autres.

Qui d'entre nous ne se retrouve pas dans l'une de ces phrases, même dans plusieurs ? C'est sur ce principe de « l'effet puits », appelé aussi « effet Forer », que fonctionne l'horoscope. C'est aussi ce que remarque Gérard Morel, psychothérapeute : « Nous pensons lire notre horoscope avec objectivité ; en réalité, nous l'interprétons, en y plaquant les situations que nous sommes en train de vivre, que nous désirons ou que nous craignons de vivre[8] ». Jugez-en plutôt vous-même. Voici quelques prédictions tirées de journaux et revues :

> Même si vous ne parvenez pas encore à accomplir vos aspirations cette année, vous serez dans la bonne direction. Faites preuve de patience et de ténacité, car d'ici 2 ans environ, il se passera de grandes choses dans vos activités. Bref, dans les 2 années à venir vous récolterez les fruits de vos efforts.

La Bible, quant à elle, dit mieux en plus court et plus fort : « On récolte ce que l'on a semé[9] ». D'autres exemples :

---

[8] Cité par Isabelle Taubes, « Pourquoi nous aimons lire notre horoscope », sur le site Internet de Psychologies. URL : http://www.psychologies.com/Moi/Se-connaitre/Comportement/Articles-et-Dossiers/Pourquoi-nous-aimons-lire-notre-horoscope (page consultée le 28 mai 2011).

[9] La Bible : Lettre aux Galates, chapitre 6 verset 7.

> Dès le début du mois, fin de vos petits soucis financiers, si vous en aviez.
>
> Quand les choses ne vont pas comme vous espérez, vous avez une certaine tendance à vous laisser aller au découragement.
>
> Jusqu'au 18, la période est vécue dans un climat de tension générale, surtout sur le plan affectif et relationnel. Par la suite, vous vous calmez, mais votre susceptibilité a laissé quelques traces.
>
> Professionnel : à vous de faire en sorte de vivre calmement ce samedi, gardez votre sang-froid et c'est gagné.
>
> Forme : respirez très fort, c'est urgent.

Comme disait Albert Einstein, « deux choses sont infinies, l'univers et la sottise humaine. Mais je ne suis pas sûr de ce que j'affirme quant à l'univers ».

Si certains voyants n'ont aucun pouvoir, d'autres, possèdent d'authentiques dons de voyance. Voici deux extraits de témoignages.

« *Ma mère était voyante* »

Franck Alexandre a passé sa jeunesse dans un monde baigné par le surnaturel. Sa mère était une voyante connue.

> Toute mon enfance, j'ai vu ma mère tirer les cartes. Elle pratiquait ce que sa propre mère lui avait enseigné. Il m'arrivait de m'asseoir en face d'elle, attendant qu'elle dévoile mon avenir. La cartomancie ne lui suffisant plus, ma mère a pratiqué la chiromancie, la radiesthésie avec un pendule, la divination par vision. À partir de photos, elle exerçait une influence sur la vie des gens. Je n'étais à l'époque que le spectateur fasciné de ces choses. J'étais désireux d'utiliser un jour cet héritage familial.
>
> Pour boucler les fins de mois, ma mère a décidé d'ouvrir un cabinet de consultations de voyance. La salle

d'attente devint très vite trop petite pour accueillir les épouses et les maris trompés, les malades condamnés, les désespérés. Venaient aussi des individus à la recherche d'une jeteuse de sorts. Les clients étaient des hommes et des femmes de toutes catégories sociales, prêts à tout donner pour recevoir une dose d'enchantement. La clientèle était composée de personnes qui avaient soif de sensationnel, qui avaient peur de l'avenir, qui étaient malades et venaient chercher la guérison par des passes magnétiques.

Nos affaires ont bien marché pendant quelques mois. Puis les choses ont doucement commencé à se détériorer. Des phénomènes inexpliqués se sont progressivement produits chez nous. Nous avons vu l'envers du décor. Pour ma part, de fortes angoisses me saisissaient. Les lumières s'éteignaient et s'allumaient en ma présence. Nous entendions des bruits dans les murs et la température de la maison baissait de manière anormale [10].

« En visite chez les voyantes les plus célèbres de France »

Michaël a rendu visite aux deux plus célèbres voyantes de France : Yaguel Didier et Maud Kristen. Toutes deux sont en activité à Paris.

Je ne retire de ces rencontres rien de transcendant à propos de mon avenir, sinon une prédiction unique mais juste : ces voyantes m'ont en effet assuré, contre toute logique, qu'un de mes manuscrits les moins appréciés par les éditeurs (ils l'avaient tous refusé) paraîtrait quand même. En revanche, elles m'ont toutes deux surpris par la connaissance qu'elles avaient de mon présent et de mon entourage immédiat et sans que je ne leur donne

---

[10] Retrouvez le témoignage vidéo complet et bouleversant de Franck Alexandre sur Internet. URL : http://topchretien.jesus.net/toptv/?/2/le-temoignage-en-video-de-franck-alexandre (page consultée le 27 mai 2011).

> aucune indication, elles ont « vu » que je vivais avec une femme artiste, qu'elle était peintre et avait beaucoup de succès. Pourtant, rien ne laissait penser que je partageais la vie d'une femme peintre. Très peu de femmes peintres ont assez de succès pour vivre de leur art. La voyante m'a étonné en me disant éprouver des difficultés pour définir mon activité. Elle me voyait écrire, mais sa vision était perturbée par des images en couleurs. J'écrivais alors justement un livre sur Picasso [...].
>
> Un détail piquant à signaler concernant Maud Kristen. Vers la fin de ma deuxième visite, je lui demandai de me dire quelques mots sur une « personnalité » de mon entourage. Ajoutant qu'elle allait être un peu surprise, je m'apprêtais à saisir dans le porte-documents qui était à mes pieds une revue d'art illustrée de nombreuses photographies. Elle arrêta mon geste par cette phrase : « Ce n'est pas la peine de me montrer la photo, je vois très bien cette personnalité que vous aimez beaucoup : c'est votre chat ! » Ne me laissant pas le temps d'exprimer ma surprise, elle précisa : c'est un mâle tigré et castré. Le type de l'animal, son sexe, sa race et son état avaient été vus sans erreur.

Michel Berette, un ancien voyant, relate qu'il était capable de donner des détails sur le métier d'une personne, sur ses activités de manière très précise :

> J'annonçais des choses que je n'aurais pas dû savoir et que les intéressés étaient seuls à connaître. Et j'éprouvais un malin plaisir à le faire. J'étais vraiment très orgueilleux. Comment ne pas l'être quand on a entre les mains une telle puissance [11] ?

Les vrais dons de voyance existent. Rien ne sert de le nier. De rationaliser. Nous ne sommes plus dans l'esbroufe, le bling-bling dont je parlai précédemment. Nous sommes dans

---

[11] Michel Berette, *J'étais voyant… maintenant je vois*, éditions Le Sarment Fayard, 1992.

une autre catégorie : une catégorie spirituelle. Une catégorie dont les protagonistes, le plus souvent, ne connaissent pas les règles du jeu. Rien ne sert non plus d'amplifier le don de ces personnes. Encore moins de tomber en admiration. Comparées à la puissance de Dieu, ces révélations, mêmes les plus sensationnelles, sont peu de chose.

Il apaise toutes les craintes

L'engouement pour la voyance répond au désir de l'homme d'être rassuré sur son avenir. De savoir ce que demain lui réserve. J'ai rencontré Martine lors d'une réunion sur ce thème. Elle était allée chez un voyant guérisseur pour apaiser ses craintes. Pour guérir de sa tristesse. Quelques mois auparavant, elle avait perdu ses enfants dans des circonstances dramatiques. Elle était inconsolable. Sa famille aussi. Elle est allée chez le voyant de son village. Les mois ont passé. Rien n'a changé. Le jour où elle a découvert Jésus-Christ, elle a rapidement compris qu'il pouvait lui apporter bien plus qu'un voyant. Lui seul pouvait apaiser ses craintes. Et la consoler de la perte de ses trois enfants.

Être en souci pour les siens, craindre pour son travail, s'interroger sur son avenir, savoir comment réussir à joindre les deux bouts : voilà des questions que tout homme se pose. Sachez cependant qu'il est possible d'être serein, d'être libéré de la peur du lendemain. De la peur de manquer, de ne pas avoir assez, de ne pas y arriver… et de tant d'autres craintes tapies au plus profond de nos cœurs.

Dans ce livre, il sera question à plusieurs reprises de Dieu. De Jésus – ou Jésus-Christ. À travers ces lignes, je vous invite à découvrir un Dieu vivant qui agit aujourd'hui. Un Dieu capable d'entendre et de comprendre votre détresse. Un Dieu qui ne vous juge pas. Qui ne vous critique pas. Qui ne vous assomme pas avec une liste de conseils à respecter. Mais un Dieu qui veut ramener le calme, la sérénité, la tranquillité, apaiser vos inquiétudes. Vous redonner confiance.

* * *

Si l'avenir vous préoccupe, voici quelques perles glanées dans la Bible. À consommer sans modération.

> Qui de vous peut, à force d'inquiétude, prolonger son existence, ne serait-ce que de quelques instants[12] ?
>
> Ne vous inquiétez pas pour le lendemain ; le lendemain se souciera de lui-même. À chaque jour suffit sa peine[13].
>
> Considérez les corbeaux, ils ne sèment ni ne moissonnent ; ils n'ont ni cave, ni grenier et Dieu les nourrit. Vous valez bien plus qu'eux[14] !
>
> Le souci au fond du cœur déprime un homme, mais une parole d'encouragement lui rend la joie[15].
>
> Ne vous mettez en souci pour rien, mais, en toute chose, exposez vos besoins [par la prière] à Dieu[16].
>
> L'Éternel protège ma vie : de qui aurais-je peur[17] ?
>
> Ne crains pas. Crois seulement[18] !
>
> Ne sois pas effrayé, car je suis avec toi ; ne sois pas angoissé, car moi je suis ton Dieu. Je t'affermis, je viens à ton secours, pour sûr, je te soutiens de mon bras droit[19].
>
> Déchargez-vous sur lui de tous vos soucis, car il prend soin de vous[20].

---

[12] La Bible : Évangile selon Matthieu, chapitre 6 verset 27.

[13] Ibid. verset 34.

[14] La Bible : Évangile selon Luc, chapitre 12 verset 24.

[15] La Bible : Livre des Proverbes, chapitre 12 verset 25.

[16] La Bible : Lettre aux Philippiens, chapitre 4 verset 6.

[17] La Bible : Livre des Psaumes, psaume 27 verset 1.

[18] La Bible : Évangile selon Marc, chapitre 5 verset 36.

[19] La Bible : Livre du prophète Ésaïe, chapitre 41 verset 10.

[20] La Bible : Première lettre de Pierre, chapitre 5 verset 7.

Parce qu'elles viennent d'en haut, ces paroles peuvent faire la différence dans votre vie. Vous apporter ce qu'aucun voyant ne pourra jamais vous apporter : la paix. La tranquillité. La confiance. Même dans les tempêtes les plus violentes. Le secours dans les situations perdues. Quelles que soient vos craintes, vos doutes, vos peurs, Dieu peut intervenir et vous rassurer aujourd'hui même.

La prière d'enfants exaucée

En décembre 2005, je me suis rendu dans la ville des Gonaïves, en Haïti, ce petit pays partageant l'île avec la République Dominicaine. Peuplé de 8 millions d'habitants, Haïti est l'un des pays les plus pauvres au monde. Un pays qui a déjà tant souffert et connu de nombreux malheurs, dont ce terrible tremblement de terre en janvier 2010. Neuf mois avant ma venue en 2005, une tempête tropicale avait ravagé la ville des Gonaïves, troisième ville du pays. Toute la population, soit 200 000 personnes, était sinistrée. Par endroits, l'eau était montée de trois mètres. Plus de 3 000 personnes avaient perdu la vie. Neuf mois plus tard, les traces laissées par la tempête étaient encore visibles dans la ville. Mais surtout sur les visages marqués par ce drame.

Pendant mon séjour, j'ai eu l'occasion de visiter le centre Eben Ezer – à quelques kilomètres des Gonaïves. Il accueille un orphelinat, un dispensaire et une école. Alors qu'une missionnaire suisse me faisait découvrir le centre, elle me conduisit sur le toit d'une maison (comme au Moyen-Orient, les toits sont plats, en terrasse). Elle me raconta ce que les responsables et les enfants du centre avaient vécu quelques mois auparavant.

> Nous étions montés sur le toit avec les enfants et de la nourriture pour nous protéger. Tout d'un coup, nous avons vu venir des Gonaïves une vague immense. Elle était large et ne faisait pas loin de deux mètres de hauteur. Elle ravageait tout sur son passage. Avec les en-

fants, nous nous sommes mis à genoux. Nous avons prié et demandé à Dieu de nous préserver, d'intervenir. La vague s'approchait... Elle quitta soudainement sa route. Elle contourna notre centre qui fait plusieurs centaines de mètres et reprit ensuite sa route initiale. Dieu venait d'opérer un miracle sous nos yeux. Il nous avait gardés du malheur. Avec les enfants, nous avons remercié Dieu pour son intervention. Grâce à Dieu, nous avons pu venir en aide à des centaines de sinistrés.

Cette histoire m'a profondément ému. Neuf mois après, j'ai pu constater *de visu*, qu'au-delà du centre, il restait encore, par endroits, jusqu'à un mètre d'eau. D'un point de vue topographique, rien ne pouvait expliquer cela.

Dieu a entendu la prière de ses enfants. Certains n'avaient que six ans. Ne pensez-vous pas que Dieu soit aussi capable d'entendre votre prière, de vous accorder son secours et d'apaiser toutes vos craintes ? La sœur Basiléa Schlink a dit : « La puissance de Dieu est si grande, que pour toi, il a toujours un moyen pour t'aider ». J'aime cette citation. Elle me rappelle qu'il n'y a aucune situation désespérée pour Dieu. Dieu agit aujourd'hui encore. Pourquoi ne pas laisser tomber toutes les promesses des extralucides ? Pourquoi ne feriez-vous pas confiance à celui qui peut vous rassurer mieux qu'une mère, vous protéger mieux qu'un père, un ami ou un conjoint ?

Votre avenir, il le connaît. Avec lui, aujourd'hui et demain seront meilleurs.

Chapitre 2

Le pouvoir des guérisseurs

Les chiffres sont là. Il y aurait en France 10000 guérisseurs, magnétiseurs, rebouteux et autres leveurs de maux[21]. Certains pensent même beaucoup plus. Chez nos voisins helvètes, les guérisseurs font l'objet d'un véritable engouement auprès de certains. À l'ère de la médecine allopathique, de la biologie moléculaire et des cellules souches, qui aurait cru à ce retour en force des guérisseurs ? Cette pratique a traversé les âges. Comme le fait remarquer un guérisseur : « La méthode des soins par magnétisme a toujours existé. Ce qui est nouveau, c'est que, désormais, on ne consulte plus un guérisseur en catimini. On dit : "Je vais voir mon magnétiseur", comme on dirait "mon kiné", "mon ostéopathe" ou "mon médecin[22]" ».

Le développement des guérisseurs est à relier avec le succès croissant des médecines parallèles depuis une tren-

21 « Le pouvoir des guérisseurs », in *Ça m'intéresse*, n° 263, janvier 2003.

22 Jacques Montagner et all., *Enquête sur les guérisons parallèles*, Le Pré aux Clercs, 2005.

taine d'années. Aujourd'hui, le malade tâtonne. Il se crée son bouquet de méthodes de guérisons. Il cherche à obtenir une réponse globale à sa souffrance. Sans se préoccuper d'éventuelles conséquences. L'important pour celui qui souffre est de guérir. Qu'importe la manière !

Qui sont-ils ?

Ils s'appellent guérisseurs, faiseurs de secret, toucheurs, magnétiseurs, grands maîtres guérisseurs, leveurs de maux, etc. Il faut distinguer deux types de guérisseurs : les professionnels et les non-professionnels.

Les premiers ne sont pas nombreux. Ils exercent à plein-temps. Ils affirment avoir pour vocation de « compléter les thérapeutiques reconnues et appliquées par la médecine officielle conventionnelle et non de se substituer à elle ». Certains ont une aura internationale. Il est fréquent que des personnes fassent des centaines de kilomètres ou téléphonent de l'autre bout du monde pour une seule consultation. Le flux de patients est parfois continuel.

Les seconds sont plus nombreux. Qui n'a pas entendu parler d'un barreur ou coupeur de feu dans son entourage ? Ils exercent à côté de leur travail. Tout guérisseur a un désir sincère de venir en aide à son prochain. Bien sûr, ils ne refuseront pas un billet.

Plusieurs moyens sont utilisés par les guérisseurs pour soulager. Le magnétisme est l'un d'eux : il consiste à passer la main à quelques centimètres du malade pour percevoir ou guérir l'organe malade. Sont aussi utilisés le reboutement[23], la

[23] Il ne faut pas confondre un rebouteur traditionnel et un rebouteur-magnétiseur. Le rebouteur traditionnel ne se sert d'aucun fluide pour guérir. Il sent la douleur et peut alors y remédier en remettant en place le système musculaire et osseux. Le rebouteur-magnétiseur, quant à lui, combine un don occulte à la technique de massages manuels.

radiesthésie[24], l'imposition des mains et autres techniques. Ces praticiens ont pour seul outil de travail les mains et la parole.

Le secret

> Combien sont-ils, ceux qui lui doivent la guérison subite d'une méchante brûlure, d'un eczéma tenace, la disparition de verrues ou encore l'arrêt soudain d'une hémorragie ? Elle ne saurait le dire elle-même. Depuis 1957, lorsque, sur son lit de mort, son beau-père lui a transmis le secret, Malou, comme on l'appelle familièrement, n'a pour ainsi dire jamais arrêté de prononcer les prières qui guérissent. Des prières que l'on n'entend pas et qui sont adressées à deux saints bien particuliers. Lesquels ? « Je ne peux pas vous le dire, ça fait partie du secret. Il reste en moi et je dois le transmettre comme on me l'a donné[25] ».

Le secret est l'un des moyens les plus connus et utilisés par nombre de guérisseurs. Il s'agit d'une incantation, d'une prière, toujours dite à voix basse. Elle est marmonnée. Beaucoup de ces prières s'adressent à des saints, comme saint Laurent qui guérit les brûlures, saint Saturnin les vertiges, sainte Rita, saint Etton, saint Gohard, etc. La liste semble infinie. Le faiseur de secret guérit eczéma, brûlures, verrues, entorses, problèmes de peau, lumbago, problèmes de dos et stoppe les hémorragies. Il atténue aussi la douleur des brûlures, d'où le surnom de « coupeur de feu ». Le plus souvent le malade se déplace, mais le guérisseur travaille aussi parfois à distance comme en témoigne cette question d'un journaliste à une guérisseuse :

– À distance, comment ça se passe ?

---

[24] La radiesthésie consiste, grâce au pendule entre autres, à découvrir des sources, retrouver un objet perdu ou une personne disparue, établir un diagnostic médical, déterminer la profondeur d'un puits, etc.

[25] Lausanne-Cités, hebdomadaire gratuit lausannois (Suisse), extrait du numéro du 15 décembre 1996.

– Il faut que je connaisse la nature du mal, l'endroit où il se trouve, ainsi que la couleur des yeux et des cheveux de la personne.

En France, excepté dans quelques hôpitaux de Haute-Savoie, les médecins ne travaillent pas avec les guérisseurs. En revanche, les médecins et hôpitaux suisses font preuve d'une grande ouverture à l'égard de ces pratiques. Une situation unique en Europe. Beaucoup d'hôpitaux, surtout en Suisse romande, possèdent leur liste de faiseurs de secret qu'ils mettent à disposition des patients :

> Il nous arrive de faire appel à ces coupeurs de feu, particulièrement chez les victimes de brûlures, sans toutefois que le médecin joue un rôle d'intermédiaire direct, indique François Sarasin, médecin chef de l'unité de médecine interne à l'hôpital universitaire de Genève. Nous sommes donc assez loin de la rigueur scientifique qu'on nous attribue[26].

Certaines personnes se lèvent pour mettre en garde contre l'introduction de ces pratiques dans le milieu médical. C'est le cas du médecin chef de l'hôpital de Porrentruy qui a fait retirer la liste de faiseurs de secret qui circulait aux urgences : « Je suis croyant et les guérisseurs n'entrent pas dans le plan de Dieu. Ce sont mes convictions, je ne les impose pas, mais si les gens viennent se faire soigner à l'hôpital, je ne vais pas leur proposer le secret ». Cet homme de conviction et de courage a découvert la face cachée du secret. Il doit se battre pour faire entendre sa voix et défendre sa position.

De génération en génération

Certains découvrent leur don par hasard en voulant aider, soulager un proche. Mais le moyen de transmission le plus

---

[26] Cité par Julie Zaugg, « L'incroyable succès des guérisseurs », site Internet de largeur.com. URL : http://largeur.com/?p=2137 (page consultée le 27 mai 2011).

fréquent est l'héritage familial. Le guérisseur ne donne pas ses secrets à tous les membres de sa famille, mais à un seul enfant ou petit-enfant. Si la personne n'a pas d'enfants, elle peut donner son secret à qui elle veut. Jean-Yves, magnétiseur en Bretagne, a hérité son magnétisme de sa grand-mère paternelle et de son père. L'une de ses filles suit maintenant ses pas : « J'avais dix ans, se souvient Jean-Yves, quand mon père m'a confié les verrues et les eczémas des gens du voisinage ».

Érika est faiseuse de secret depuis des années. Elle possède le secret qui soigne les brûlures, les verrues, les hémorragies, les entorses et les maux de dos. Il lui a été légué par son beau-père : « J'avais 25 ans, j'étais encore trop jeune. Je l'ai transmis à mon mari, plus âgé, qui a exercé jusqu'à sa mort, il y a trois ans ». Depuis, elle a repris le flambeau.

Raymond, lui, pense tenir son don d'un membre de sa famille ou alors « du patron là-haut ».

Quant à Vivianne, 34 ans, c'est au décès de sa grand-mère qu'elle a reçu ce don qu'elle développe de jour en jour. Elle n'avait rien recherché ou demandé.

Par quelle puissance guérissent-ils ?

La question de leur don, de leur puissance intrigue. Elle questionne. À juste titre. J'ai rencontré et dialogué avec plusieurs guérisseurs. Chaque fois je leur demande :

– Dites-moi, d'où vient votre don, votre pouvoir ? Au nom de qui guérissez-vous ? Votre patron, c'est qui ? Comment expliquez-vous votre don ?

À cette dernière question, un guérisseur répond :

– Je pense que mon pouvoir de soulager les autres et de les guérir, est un don de Dieu.

La plupart – à quelques rares exceptions près – tiennent le même discours :

– Je fais du bien, j'aide mon prochain. Je ne fais pas cela pour l'argent, par conséquent ça ne peut venir que d'en haut, de Dieu.

Le raisonnement semble imparable. En apparence.

Je ne remets pas en cause la sincérité des guérisseurs. Pour en avoir rencontré plusieurs, je peux dire qu'ils ressentent de la compassion pour ceux qui souffrent. Ils ont envie d'aider, de soulager la souffrance de leur prochain. Je ne remets pas non plus en cause le fait que des personnes repartent apparemment guéries ou soulagées. Je sais aussi que beaucoup de guérisseurs sont seuls. Ils portent un lourd fardeau entraînant bien souvent des conséquences psychologiques et physiques. Ils ont peu de personnes avec qui partager, échanger. Ils sont seuls avec leur don qu'ils vivent, pour certains, comme un sacerdoce.

Par contre, je m'interroge sur l'origine de leur puissance. Si leur pouvoir vient de Dieu, comme ils le prétendent, il faut que leur manière de guérir, leurs croyances, leurs pratiques, leurs formules correspondent à celle du plus grand guérisseur de tous les temps : Jésus, le Fils de Dieu. Tout le monde reconnaît en Jésus le plus grand thaumaturge[27] de l'Histoire. Comment se fait-il alors que les pratiques des guérisseurs soient si différentes de celles du Christ, de ses disciples et de tout ce qui nous est dit dans la Bible sur la guérison ?

Questions tests

Que les guérisseurs et ceux qui les consultent prennent en considération les remarques suivantes :

1. Où est-il question, dans la Bible, d'un fluide, d'une force cosmique, d'une énergie à capter ? J'ai beau la lire et la relire, je ne trouve rien, sinon une référence où il nous est dit de Jésus que « tout le monde

---

[27] Thaumaturge : personne qui fait des miracles.

cherchait à le toucher, parce qu'une puissance sortait de lui et guérissait tous les malades[28] ». Cette puissance n'a rien à voir avec le fluide des guérisseurs. Pour deux raisons au moins. D'abord, aucun passage biblique ne parle de se ressourcer, de se ré-énergiser ou de recharger les batteries dans la forêt ou dans des endroits chargés en énergie, comme le pratiquent certains guérisseurs-magnétiseurs. Ensuite, le don vient toujours de Dieu, selon la Bible. Directement. Et non via un héritage familial, une initiation secrète, ou la transmission d'un secret à une date et heure précise de l'année par exemple.

2. Si leur don vient de Dieu, comme ils l'affirment, ils devraient le connaître personnellement, lui ainsi que son message. C'est tout le contraire. Tous les guérisseurs que j'ai rencontrés ont un manque flagrant de culture biblique. Ils auront peut-être une Bible chez eux. Elle sera même ouverte. Ils se diront croyants. Ils auront aussi des objets religieux chrétiens comme des crucifix ou des images pieuses. En revanche, demandez-leur de vous parler de Dieu et de son message, vous serez surpris. Ils ne connaissent rien. Ils sont ignorants. Ils sont incapables de citer ne serait-ce que quelques paroles de Jésus sur la guérison. Leur croyance est syncrétique. Mélangée. Elle emprunte aux religions, aux spiritualités et divers mouvements occultes, passés ou présents. C'est une croyance faite de bric et de broc. Vous y trouvez tout et n'importe quoi.
3. Si leur pouvoir vient de Dieu, pourquoi les prières des guérisseurs font-elles appel à des saints, des divinités, des anges, des personnes décédées, des noms d'éléments ? Le début d'une prière pour guérir les brûlures commence ainsi : « Feu, feu, feu, je te

[28] La Bible : Évangile selon Luc, chapitre 6 verset 19.

conjure de perdre ta chaleur comme Judas, etc. ». Une autre débute par : « Feu, feu, feu de l'enfer, etc. ». Que vient faire Judas le traître ici ? Et pourquoi parler de l'enfer ?! D'autres prières sont plus subtiles. Vous y retrouvez les noms de Dieu, de Jésus, de l'Esprit de Dieu. Tout cela ressemble aux prières de la Bible. Mais à côté de ces noms, vous trouvez une autre puissance qui, dans la prière, sera invoquée. Comme Bélial ou une autre force. Pour rendre la prière plus digeste pour les oreilles du client, on y rajoutera le nom de Jésus ou de Dieu. Mais tout guérisseur sait que la puissance spirituelle qui agit ne se trouve pas en Dieu ou en Jésus, mais dans l'invocation d'un nom dans le bon ordre, le bon nombre de fois et dans le respect du rituel.

4. Pourquoi prononcer une prière à voix basse ? Pourquoi un secret ? Pourquoi faut-il toujours répéter la même prière sans rien en changer ? Bizarre… Y aurait-il quelque chose à cacher, quelque chose de dangereux ? Lorsque Jésus ou ses disciples priaient, ils le faisaient en public. Devant tout le monde. Leurs prières étaient toujours audibles. Elles ne contenaient aucune formule magique. Aucun secret. N'importe qui aurait pu les répéter (ce qui ne veut pas dire qu'il aurait eu le même résultat).
5. Autre point de questionnement. Bien des maladies soi-disant guéries réapparaissent après quelques semaines ou mois. C'est le cas de cette jeune femme qui, adolescente, avait le corps recouvert de boutons. Aucun traitement ne l'avait aidée. Désespérée, sa mère l'a emmenée chez une guérisseuse qui lui avait « fait le secret ». Les boutons avaient en effet disparu. Sa peau était lisse comme celle d'un bébé. Quelque temps plus tard, tout est réapparu et de manière encore plus forte. La guérison avait été provisoire. Ou plutôt masquée.

À la fin d'une conférence récente sur ce thème, une personne est venue me voir. Elle avait consulté à plusieurs reprises un guérisseur pour des verrues plantaires. Après plusieurs consultations, celles-ci avaient disparu. Des mois plus tard, d'autres problèmes de peaux se sont manifestés. Dans les plis des articulations et sur le visage, de nombreux et disgracieux boutons sont apparus. Impossible de les traiter. J'ai expliqué que son problème n'avait pas été réglé par le guérisseur. Mais déplacé, masqué, caché. Cette personne m'a demandé de prier pour elle. Ce que j'ai fait. Au nom de Jésus-Christ, j'ai simplement prié pour elle à voix haute. Dans les jours qui ont suivi, tous ses problèmes de peau ont réellement et définitivement disparu.

C'est souvent ainsi que les choses se passent avec de nombreux guérisseurs. Fréquemment, les maladies réapparaissent, soit au même endroit, soit sous une autre forme et sur une autre partie du corps. Ou encore sous forme de problème psychologique. Étrange, surtout lorsqu'on sait qu'une guérison divine, selon la Bible, est définitive, pleine. Sans rechute, sans réapparition de la même maladie, sans déplacement de cette maladie. Ces phénomènes sont étrangers à la guérison divine telle qu'elle nous est présentée par Jésus.

Un des grands principes pour ôter la maladie est le fameux « transfert ». C'est-à-dire que le guérisseur prend sur lui la maladie du patient. Ce principe apparaît par exemple dans le film *La ligne verte*, avec Tom Hanks[29]. Un colosse du nom de Coffey, homme candide et timide aux dons magiques, a le pouvoir de guérir en prenant sur lui les maux des hommes. Mais il est ensuite obligé d'évacuer ce mal. Bien des guérisseurs fonctionnent ainsi. Je pense à cet homme qui soigne les verrues. Après avoir traité plusieurs cas, son horloge interne dysfonctionne pendant quinze jours. Le mal des

[29] *La ligne verte*, réalisé par Frank Darabont, UIP, 2000, avec Tom Hanks. Œuvre tirée du roman de Stephen King, *La ligne verte* (or. : *The Green Mile*), éd. J'ai lu, 1996.

autres le perturbe. Un autre guérisseur se retrouve parfois littéralement à terre pendant plusieurs heures avant de pouvoir à nouveau bouger, tant il est vidé. Les plus avisés apprennent à se décharger du mal. Ainsi en est-il de ce guérisseur qui, après avoir pris le mal de ses clients, se décharge par la parole sur des plantes ou des fleurs qui périssent instantanément.

Prendre le mal sur soi a des conséquences, même pour ceux qui savent se décharger : « Plus je pratiquais les secrets, plus je devenais sombre, malade, déprimée, opprimée, confie Jacqueline Frésar-Munsch, une ancienne guérisseuse. C'est à ce moment-là que j'expérimentai les premières oppressions spirituelles : présences sombres et glaciales près de mon lit la nuit, bruits bizarres, souffles froids sur moi, etc. ». Y aurait-il un prix à payer pour bénéficier de ces pouvoirs ? De nombreux témoignages contredisent la « parfaite innocuité » mise en avant par les guérisseurs-magnétiseurs. Lors d'une récente conférence sur le sujet, une guérisseuse me confiait : « Chaque fois que je fais le secret, je ressens de manière très forte que je perds une partie de mon capital vie ».

J'ai prié pour des malades. Mais jamais je n'ai pris le mal dont ils souffraient. Je n'ai jamais ressenti aucune douleur avant ou après la prière. Ce principe du guérisseur qui prend le mal est aux antipodes de la manière de guérir de Jésus. Selon la Bible, une seule personne a pris sur elle les maladies des hommes. Il s'agit de Jésus-Christ :

> C'est de nos maladies qu'il s'est chargé, et ce sont nos souffrances qu'il a prises sur lui[30].

Le transfert s'est effectué sur Jésus. Quand je prie pour un malade, ce n'est pas moi qui guéris. C'est Dieu, par l'intermédiaire de Jésus-Christ. Je lui demande d'intervenir dans la vie de la personne, au nom de Jésus-Christ qui a porté nos souffrances. Dans un cas, c'est le guérisseur qui prend sur lui et qui guérit. Dans l'autre, c'est Jésus.

---

[30] La Bible : Livre du prophète Ésaïe, chapitre 53 verset 4.

Le pouvoir des guérisseurs ne vient donc pas de Dieu. De deux choses l'une : soit Dieu se trompe et, dans ce cas, la Bible est bonne pour la poubelle. Soit les guérisseurs se fourvoient sur l'origine de leur pouvoir. Auquel cas, il leur faudra se poser de sérieuses questions sur l'origine de leur don et cesser de se réfugier derrière leur succès pour justifier leur soi-disant pouvoir divin.

Quelle est donc la puissance qui permet aux guérisseurs-magnétiseurs d'agir ? D'où vient leur pouvoir ? D'eux-mêmes ? D'ailleurs ? Le secret de leur puissance sera dévoilé plus loin.

La vraie guérison divine existe

L'intérêt pour les guérisseurs correspond au besoin de soulagement de la souffrance humaine. Désir légitime. Quoi de plus normal que de chercher à guérir lorsqu'on est malade ? Il faudrait être fou pour se complaire dans la douleur ou lui trouver quelque vertu. Une certaine forme de christianisme a parfois considéré la souffrance et la maladie comme un bien, une source d'accomplissement, de salut ou de bénédiction. Cette idée est étrangère de l'enseignement du Christ.

Je suis contre les pratiques des guérisseurs. Dieu n'en est pas la source. Par contre, je comprends leur désir de guérir, de soulager. Je comprends aussi les personnes qui vont les consulter.

En revanche Dieu, lui, soulage, guérit et restaure réellement. Aujourd'hui encore. Ces guérisons n'ont rien à voir avec celles des guérisseurs-magnétiseurs. Elles sont définitives et surtout sans effets secondaires.

Voici quelques passages tirés de la Bible (la liste est loin d'être exhaustive) qui mentionnent la guérison divine.

Je suis l'Éternel qui vous apporte la guérison [31].

[31] La Bible : Livre de l'Exode, chapitre 15 verset 26.

> C'est lui qui te guérit de toute maladie[32].
>
> Dans leur détresse, ils ont crié à l'Éternel, et il les délivra de leurs angoisses. Il envoya sa parole, il les guérit et il les fit échapper à la tombe. Qu'ils louent donc l'Éternel pour son amour[33] !
>
> Une femme qui souffrait d'hémorragies depuis douze ans, s'approcha de lui [Jésus] par derrière et toucha la frange de son vêtement. Elle se disait : « Si seulement j'arrive à toucher son vêtement, je serai guérie ». Jésus se retourna et, quand il l'aperçut, il lui dit : Prends courage, ma fille : parce que tu as eu foi en moi, tu es guérie. À l'instant même, la femme fut guérie[34].
>
> Jésus proclamait la Bonne Nouvelle du règne de Dieu et guérissait toute maladie et toute infirmité[35].
>
> Une grande foule le suivit et il guérit tous les malades[36].
>
> Le soir, après le coucher du soleil, on lui amena tous les malades et tous ceux qui étaient sous l'emprise de démons. La ville entière se pressait devant la porte de la maison. Il guérit beaucoup de personnes atteintes de diverses maladies. Il chassa aussi beaucoup de démons et leur défendit de parler, car ils savaient qui il était[37].
>
> Un lépreux s'approcha de lui [Jésus]. Il le supplia, tomba à genoux devant lui et lui dit : Si tu le veux, tu peux me rendre pur. Jésus, pris de pitié pour lui, tendit la main, le toucha et lui dit : Oui, je le veux, sois pur. À l'instant même, la lèpre le quitta et il fut pur[38].

Deux écueils sont à éviter sur le sujet. Le premier est de voir en Dieu une sorte de magicien. Un gourou guérisseur à

[32] La Bible : Livre des Psaumes, psaume 103 verset 3.

[33] La Bible : Livre des Psaumes, psaume 107 versets 19 à 21a.

[34] La Bible : Évangile selon Matthieu, chapitre 9 versets 20 à 22.

[35] La Bible : Évangile selon Matthieu, chapitre 9 verset 35.

[36] La Bible : Évangile selon Matthieu, chapitre 12 verset 15.

[37] La Bible : Évangile selon Marc, chapitre 1 versets 32 à 34.

[38] La Bible : Évangile selon Marc, chapitre 1 versets 40 à 42.

notre service, prêt à satisfaire nos moindres désirs. Le second est de croire que Dieu ne guérit plus aujourd'hui. Certains chrétiens en sont convaincus. Pour eux, on retrouverait des guérisons auprès des guérisseurs et dans quasiment toutes les spiritualités, mais pas chez le Dieu de la Bible. Hier comme aujourd'hui, je le crois, Dieu guérit. La guérison n'est qu'un tout petit aspect de ce qu'il est capable d'accomplir. Voici trois balises pour comprendre et vivre la guérison divine.

La guérison divine n'a rien à voir avec l'action des guérisseurs

Chez eux, la guérison est liée à leur personne, à leur pouvoir. Elle dépend entièrement de leur volonté. Il n'y a aucune soumission à Dieu ou à Jésus-Christ. La guérison divine, elle, dépend de Dieu. C'est *lui* qui l'accorde comme il veut, à qui il veut et quand il veut. L'homme soupire, demande, croit, espère, attend une réponse. Dieu agit en son temps. Le témoignage de Dina et Éric illustre bien cette première balise.

Jeunes mariés, ils avaient des projets plein la tête. Et surtout, le désir d'avoir des enfants. Désir qui n'aboutissait pas. Les mois passaient. Examens, thérapies médicales diverses et prières se succédaient. Ils ont tout essayé, ou presque. Aucun changement. Un soir alors qu'Éric s'apprêtait à prendre un médicament, Dina lui dit : « Et si tu arrêtais de prendre ce médicament[39] ? De toute façon ça ne sert à rien. Ça fait des mois que tu essaies toutes sortes de traitements et rien ne change. On a souvent prié pour avoir un enfant. Nous n'avons pas été exaucés. J'ai la conviction qu'on doit continuer ». Ce soir-là, lorsqu'ils ont prié, tous deux ont eu la certitude que Dieu interviendrait en leur faveur. Pourquoi maintenant et pas avant ? Nul ne le sait. C'est un mystère. Leur conviction s'est révélée

[39] Dans son cas, prendre ou non un médicament n'altérait en rien son état de santé général. De plus, cet exemple est personnel et n'est pas à reproduire. En aucun cas, il ne s'agit d'arrêter un traitement médical pour obtenir une guérison divine.

juste puisqu'un mois plus tard, sans que les médecins ne l'expliquent, Dina était enceinte. La guérison divine est l'œuvre de Dieu, non de l'homme. Elle intervient quand lui le décide.

La guérison divine est souvent liée à la foi en Jésus

Les Évangiles soulignent le rôle de la foi dans la guérison. « Qu'il te soit fait selon ce que tu as cru[40] » dira Jésus à un officier romain dont le serviteur était paralysé. « À l'heure même, précise le texte, son serviteur fut guéri[41] ». Pas besoin d'avoir accumulé un grand nombre de connaissances sur Dieu, sur Jésus ou d'avoir une grande foi pour être guéri. Ne vous focalisez pas sur la foi elle-même. Ne vous dites pas : « J'ai la foi, j'ai la foi, j'ai la foi ». Ce n'est pas la méthode Coué. Concentrez-vous sur Jésus. C'est lui l'objet de votre foi. Vos pensées, vos prières, votre cœur doivent être centrés sur lui. Il a la puissance nécessaire pour intervenir. Même si votre foi est faible, vacillante. Il suffit de croire que Jésus est le Sauveur et qu'il peut guérir. De le prier et de lui demander avec confiance de vous toucher.

C'est l'expérience de Claire. Depuis douze ans, cette petite femme, frêle, d'une santé fragile, avait des difficultés à se déplacer et souffrait d'insomnies. Elle dormait deux heures par nuit. Je l'ai rencontrée en mars 2009 au cours de réunions en Suisse. En plus de ses problèmes d'insomnies, les médecins venaient de déceler à deux reprises, lors d'un scanner, une lésion importante au foie. Dans la discussion, j'ai été interpellé par la confiance en Jésus de ce petit bout de femme. Avec un collègue pasteur, nous lui avons proposé de prier pour elle en lui imposant les mains selon les recommandations de Jésus[42]. Elle a accepté. Nous avons prié pour elle à voix haute. Nous n'avons prononcé aucune prière secrète. Notre prière venait du fond du cœur et s'appuyait entière-

---

[40] La Bible : Évangile selon Matthieu, chapitre 8 verset 13.

[41] Ibid.

[42] Voir la Bible : Évangile selon Marc, chapitre 16 versets 17 et 18.

ment sur la personne de Jésus-Christ. Après la prière, elle est rentrée chez elle, confiante et souriante. Quinze jours plus tard, j'ai reçu de ses nouvelles. Elle dort désormais sept à huit heures par nuit et un récent scanner a révélé la disparition totale de sa lésion au foie. Les médecins ne comprennent pas. Claire sait ce qui s'est passé. Nous aussi.

Un mot encore sur la foi : ne vous culpabilisez pas si après avoir prié ou demandé à un autre de prier, vous n'êtes pas immédiatement rétabli. Ne vous dites pas et ne vous laissez pas dire : « C'est parce que tu as manqué de foi ». Il n'y a rien de pire pour casser, culpabiliser, détruire une personne. Un seul a le droit de prononcer ce genre de paroles : Dieu. Et s'il agit ainsi, il le fera toujours avec douceur et respect. Son seul objectif est d'encourager, de relever, d'aimer mais jamais de casser quelqu'un. Continuez de croire, de prier, d'espérer. Faites-lui confiance, quelle que soit sa réponse. Il sait comment s'y prendre avec vous.

La guérison divine ne s'arrête pas à la santé physique

La guérison divine concerne notre être tout entier. Le verbe « sauver » concerne l'homme dans sa globalité. Dieu est bon. Il s'intéresse non seulement à notre santé physique, à nos émotions mais aussi à notre santé spirituelle. S'il ne guérit pas physiquement tout le monde[43], il offre en revanche la guérison définitive à chaque homme : la vie éternelle. Son objectif premier pour notre vie est de nous sauver. C'est-à-dire de pardonner nos péchés. Changer notre vie. Nous communiquer *sa* vie. Une vie éternelle. C'est pour cela que Jésus

---

[43] L'expérience révèle que bien des personnes ne sont pas guéries. Pourquoi ? C'est un mystère. Ce constat ne diminue en rien la capacité de Dieu à soulager aujourd'hui. Dans le cas de non-guérison, Dieu accorde une force particulière pour surmonter la maladie et la souffrance. Sur le sujet je vous recommande le livre d'Agnès Baroncini : *Mon cancer, entre combats et découvertes*, Éditions BLF, 2009.

est venu. Il est mort sur une croix et il est revenu à la vie. Par sa mort sur la croix, il a pris sur lui nos péchés.

Le miracle du salut – ou du pardon – est plus important et nécessaire qu'une guérison physique. Être guéri d'un cancer est merveilleux. Mais guérir de la maladie du péché est un bien plus grand miracle encore. Pourquoi ? La guérison physique est pour un temps. Tôt ou tard, même si nous restons en bonne santé longtemps, nous devrons mourir. C'est le lot de tout homme. En revanche, la guérison spirituelle, c'est-à-dire le fait d'être sauvé, est un miracle définitif. Nous sommes sauvés non seulement pendant notre séjour sur terre, mais pour l'éternité. C'est pour cela que la guérison spirituelle est prééminente.

Ne passez pas à côté de la guérison spirituelle comme certains. Ils ont reçu de Dieu la guérison physique. Puis ils ont continué leur route. Ils n'ont jamais adhéré à la foi en Jésus. À quoi sert-il d'aller mieux pour un temps si on passe à côté de l'essentiel ? Demandez-lui en premier lieu de vous restaurer spirituellement, de changer votre vie, de pardonner vos péchés. Puis priez pour le reste.

Dieu est bon, pour vous aussi.

Chapitre 3

La partie immergée de l'iceberg

Demandez à un voyant ou à un guérisseur d'où vient son don. Il vous répondra, dans bien des cas : « De Dieu, du divin, d'en haut ! » Pour autant, il ne croira pas en un Dieu créateur. La charte universelle des astrologues, guérisseurs et voyants, publiée en 1892 à Greenwich près de Londres, déclare : « Le praticien se considérera comme le détenteur d'un pouvoir qui lui est conféré par Dieu et dont il n'usera que pour faire du bien[44] ».

Rares sont les voyants au clair sur la véritable nature de leurs pouvoirs. Pour des médiums, c'est un comble ! Il arrive cependant que certains extralucides ou guérisseurs soient éclairés. Mais ils sont tellement liés et retenus qu'ils ne peuvent faire autrement que de continuer leurs pratiques. D'autres refusent de s'en défaire parce que le sentiment de

---

[44] Cette charte se réfère à Dieu mais outrage ensuite son nom en faisant l'apologie des pratiques occultes qu'il condamne dans la Bible (ex. : Deutéronome 18).

toute-puissance, l'orgueil de posséder un pouvoir et l'appât du gain sont plus forts.

Dans le chapitre sur la voyance, nous avons vu que certains soi-disant pouvoirs trouvent une explication rationnelle, logique. Il s'agit de techniques manipulatoires, de charlatanisme. C'est le cas par exemple de l'horoscope avec « l'effet puits ». La même chose peut être vraie pour certaines guérisons. Celles-ci peuvent être dues à l'autosuggestion ou à une rémission inexpliquée. La médecine connaît ce genre de phénomènes. Il serait cependant faux de tout rationaliser. De chercher une explication logique, scientifique à tout phénomène. Bien des événements demeurent inexplicables. Ils mettent en action des puissances spirituelles.

Ce que les médiums, astrologues et guérisseurs ignorent

Pour connaître la provenance d'un don de voyance, de médium, d'une guérison ou encore d'une révélation, il est impératif d'avoir une référence sûre et fiable. Peut-on se baser sur la disparition d'une brûlure pour déclarer que le don vient de Dieu ? Est-il suffisant de ressentir d'intenses émotions à la révélation d'un médium pour déclarer que son don vient de Dieu ? Apprécier une guérison, une révélation sur la base seule de l'expérience, d'un résultat positif, d'un ressenti ou d'un bien-être me paraît très fragile. Et dangereux. Pour percer les secrets de ce monde, pourquoi ne pas se référer à Dieu, l'auteur du monde spirituel ? Les guérisseurs et les voyants affirment que leur don vient d'en haut. Soit ! Qu'ils examinent alors ce que Dieu dit.

La Bible décrit de manière précise ce monde spirituel. Dieu est créateur du monde physique, visible. Il l'est aussi du monde invisible : « C'est en lui [Jésus] qu'ont été créées toutes choses dans les cieux comme sur la terre, les visibles, les invisibles, les Trônes et les Seigneuries, les Autorités, les Puissances[45] ». Si quelqu'un est donc apte à renseigner de manière sérieuse sur ce monde, c'est bien Dieu et non des médiums ou autres extralucides. Ce monde spirituel est dense. Il est vaste. Impossible de le décrire en détail tant les données sont nombreuses.

Voici quelques repères. Ce monde spirituel est gouverné par Dieu. Son pouvoir n'a aucune limite. Il maîtrise tout. Des anges vivent dans ce monde invisible. « Ange » signifie « messager ». Il existe différentes catégories de messagers. Les archanges, anges, chérubins, séraphins, les fils de Dieu. Certains de leurs noms sont révélés, comme Gabriel ou Michel. Ils sont très puissants et possèdent des possibilités au-delà des nôtres. Ils obéissent à Dieu seul. Ils sont innombrables. Les anges sont au service de Dieu et des hommes. Ils interviennent pour protéger ces derniers, les garder, les aider. En particulier les chrétiens. Ils sont bons et peuvent se révéler aux hommes sous plusieurs aspects.

Dans ce monde spirituel existe aussi Satan. Il est l'adversaire par excellence. Il est aussi appelé « le diable », ce qui signifie « calomniateur ». Il en est d'ailleurs le champion toutes catégories. Existe-t-il vraiment ? Est-il un principe, une idée, un mythe comme l'affirment certains ? Selon la Bible et la triste expérience de plusieurs, Satan est bel et bien réel. Il est un être. Au même titre que les anges. D'ailleurs, on le nomme « l'ange déchu ». Fait intéressant : l'attitude de Jésus à l'égard de Satan. Dans tout le Nouveau Testament, Jésus est celui qui mentionne le plus Satan. Le Christ a toujours considéré le diable comme une personne et non comme une idée, un principe. Il est un personnage[46].

Que savons-nous de Satan ? Nous disposons de beaucoup d'informations sur la réalité de son existence, son pouvoir,

---

45 La Bible : Lettre aux Colossiens, chapitre 1 verset 16.

46 Ex. : le récit de la tentation de Jésus dans l'Évangile selon Matthieu, chapitre 4 versets 1 à 11.

ses agissements et son équipe de démons. En revanche, les données sur ses origines sont rares. Celui que la Bible nomme aussi « le père du mensonge »[47] n'a pas été créé en tant que tel. Tout ce que Dieu a créé à l'origine était bon, y compris dans le domaine spirituel. Nous savons qu'il était un ange très puissant dans la hiérarchie angélique. Mais un jour, nul ne sait quand, enflé d'orgueil, il a voulu se rebeller :

> Une bataille s'engagea dans le ciel : Michel et ses anges combattirent contre le dragon, et celui-ci les combattit avec ses anges ; mais le dragon ne remporta pas la victoire et ne put maintenir leur position au ciel. Il fut précipité, le grand dragon, le Serpent ancien, qu'on appelle le diable et Satan, celui qui égare le monde entier. Il fut précipité sur la terre, et ses anges furent précipités avec lui[48].

Suite à ce combat, ces anges sont devenus des démons, des esprits mauvais, méchants, impurs. Ils portent parfois le nom de la maladie ou des infirmités qu'ils infligent : « esprit muet » ou « esprit sourd ». Ils sont aussi appelés dans la Bible : « puissances », « autorités », « pouvoirs de ce monde des ténèbres », « esprits du mal dans le monde céleste[49] ». Certaines croyances, religions, traditions anciennes leur donnent d'autres noms comme ogres, faunes, satyres, naïades, lémures, trolls, géants, kelpies, djinns, etc. Derrière ces divers noms se cachent en réalité un seul et même être : un démon.

La sphère d'activité des démons, c'est notre monde. La terre habitée. Leur objectif est affiché : casser, détruire, diviser, pervertir, anéantir, éradiquer. Les démons sont des tueurs. Ils sont perdus à tout jamais. Ils n'ont aucune possibilité de rémission. Ils n'ont aucune possibilité de pardon pour leur rébellion. Par conséquent, ils n'ont rien à perdre. Voilà pourquoi ils essaient de détruire tout ce que Dieu fait de beau en

---

[47] La Bible : Évangile selon Jean, chapitre 8 verset 44.

[48] La Bible : Livre de l'Apocalypse, chapitre 12 versets 7 à 9.

[49] La Bible : Lettre aux Éphésiens, chapitre 6 verset 12.

ce monde. À commencer par les hommes, à qui Dieu tient plus que tout.

Un mot encore sur le diable et son équipe. S'amuser avec eux au travers de l'occultisme, c'est jouer avec le feu. Jouer avec sa vie. À ce jeu-là, l'homme est, et sera toujours perdant. Leurs actions sont destructrices. Comme l'histoire de ce père qui amena son enfant à Jésus : « Maître, je t'en supplie : regarde mon fils ! C'est mon enfant unique. Un esprit s'empare de lui, le fait crier tout à coup, l'agite convulsivement et le fait baver ; et il ne le quitte que difficilement, en le laissant tout meurtri [50] ».

Ou alors l'histoire de ce jeune homme qui, adolescent, a pratiqué le spiritisme :

> Ces pratiques et dialogues avec les esprits ont profondément changé tout mon être. Je suis devenu paranoïaque. À la limite de la dépression. De la folie. Je suis devenu un garçon très renfermé. Je vivais dans la peur avec un profond dégoût de la vie. Entre quinze et seize ans, j'ai fait plusieurs tentatives de suicide. J'étais attiré par la mort comme par un aimant. Tout cela n'était que le fruit des réponses données par les esprits à mes questions [51].

Issu d'une famille où la voyance et le spiritisme étaient pratiqués, Franck a aussi connu le revers de la médaille :

> [Grâce à la voyance et au spiritisme] nos affaires ont bien marché pendant quelques mois. Puis les choses ont doucement commencé à se détériorer. Des phénomènes inexpliqués se sont progressivement produits chez nous. Nous avons vu l'envers du décor. Pour ma part, de fortes angoisses me saisissaient. Les lumières s'éteignaient et s'allumaient en ma présence. Nous entendions des bruits dans les murs et la température de la maison baissait de manière anormale. La nuit, j'étais victime d'attouchements. Une nuit, je sentis que j'étais

[50] La Bible : Évangile selon Luc, chapitre 9 versets 38 et 39.

[51] Extrait du témoignage de Jérémie G.

saisi et soulevé de plusieurs centimètres au-dessus de mon lit, en lévitation. La frayeur m'habitait[52].

L'action des démons est dévastatrice. Elle vise à s'incarner dans des êtres humains. À les asservir. À les troubler. Ils sont capables d'infliger toutes sortes de pensées, de sentiments, d'obsessions, de comportements destructeurs, suicidaires et meurtriers. Toujours selon la Bible, ils peuvent rendre sourd, muet, aveugle et produire toutes sortes de maladies et problèmes dans la vie d'un être humain[53]. Leurs actions visent l'avilissement. La destruction de l'homme d'un point de vue spirituel, psychologique et physique.

Un démon cherche avant tout à perturber profondément les hommes. Et surtout à entrer en eux. Pour cela, il lui faut des chemins d'accès. Le chemin d'accès privilégié de ces êtres ignobles et infects est l'occultisme sous toutes ses formes (d'autres chemins d'accès existent comme l'amertume, la colère, etc.).

Derrière les vrais voyants, médiums, chamans, guérisseurs et autres praticiens et pratiques occultes se cachent en réalité des démons, ou esprits mauvais. C'est la sombre et triste réalité. Ces démons sont malins. Ils persuadent les médiums, voyants et guérisseurs qu'ils possèdent un don divin, qu'eux-mêmes sont de gentils esprits. C'est ce que pensait cet homme que j'avais rencontré, avec un collègue pasteur. Pendant des années, avec des amis, il avait pratiqué le spiritisme. Il parlait régulièrement avec un esprit gentil censé le protéger des mauvais esprits. Jusqu'au jour où il a découvert que les gentils esprits sont en réalité des démons ! Ce jour-là, il est tombé de haut. Heureusement, Jésus l'a délivré. Il peut arriver que les démons révèlent des bribes de vérité. En témoigne cet extrait de récit biblique :

---

[52] Extrait du témoignage de Franck Alexandre (voir note 10).

[53] Ces comportements ou maladies peuvent aussi, bien entendu, être liés à une pathologie qui n'a rien à voir avec un problème démoniaque.

> Un jour que nous nous rendions au lieu de prière, une esclave vint à notre rencontre. Elle avait en elle un esprit de divination, et ses prédictions procuraient de grands revenus à ses maîtres. Elle se mit à nous suivre, Paul et nous, en criant à tue-tête : Ces hommes-là sont des serviteurs du Dieu très-haut : ils viennent vous annoncer comment être sauvés[54] !

Nul ne saurait toujours se tromper ! Même un démon. Il donnera 5 % de vérités. Les 95 % restants seront mensonges, faussetés, tromperies et séductions.

Le verdict de Dieu

La pensée de Dieu sur le sujet ne laisse aucune ambiguïté possible. L'occultisme tue, quelle que soit sa forme ou sa gravité. Les accidents de la route sont responsables de la mort de près de 4000 personnes chaque année dans l'hexagone. De combien « d'accidents » les guérisseurs et voyants sont-ils responsables ?

Plus de soixante-quinze références bibliques condamnent de manière explicite l'occultisme sous toutes ses formes, y compris le charlatanisme.

Voici un des textes-clés sur le sujet :

> Qu'on ne trouve chez vous personne :
>
> - qui immole son fils ou sa fille par le feu,
> - […] qui pratique la divination,
> - qui recherche les présages, consulte les augures ou s'adonne à la magie,
> - […] qui jette des sorts, consulte les spirites et les devins ou interroge les morts.
>
> Car le Seigneur a en abomination ceux qui se livrent à de telles pratiques[55].

---

[54] La Bible : Livre des Actes des Apôtres, chapitre 16 versets 16 et 17.

[55] La Bible : Livre du Deutéronome, chapitre 18 versets 10 à 12.

Dieu est catégorique: l'occultisme est un péché. Quelle que soit sa forme. Bien sûr, il y a un gouffre – au niveau des conséquences – entre s'intéresser à son signe astrologique et consulter régulièrement un médium. Mais les deux sont considérés par Dieu comme une faute. Et tout péché, toute désobéissance à Dieu engendre des conséquences.

Une porte ouverte aux esprits

Toutes les fois où vous accordez votre confiance à un voyant, guérisseur, médium ou autre extralucide, vous ouvrez une porte au monde spirituel occulte. Un monde que vous ne connaissez et ne maîtrisez pas. Par conséquent, les esprits et démons qui se cachent derrière ont un droit d'accès, via le voyant, le guérisseur ou le médium, à votre vie. Désormais, ils savent qui vous êtes et ce que vous faites. Ils connaissent votre intérêt, même s'il est faible, pour le monde occulte. Vous êtes un nouveau client. Puisque vous les avez sollicités, ils peuvent donc avoir une emprise plus ou moins forte sur votre vie. L'expérience révèle que certains ont eu beaucoup de problèmes alors que d'autres en ont eu très peu. Cependant, dans les deux cas, la porte a été ouverte.

Certains objectent: «Je n'ai consulté qu'une fois», «C'était il y a 15 ans», «J'étais jeune, influençable, crédule, ignorant», «C'était pour voir», «Je n'y croyais pas vraiment». L'entrée est-elle malgré tout ouverte? N'y a-t-il pas prescription? Dans le domaine spirituel, tout est comptabilisé. Il suffit d'une seule fois. Le fait de ne pas y croire ou d'avoir arrêté depuis longtemps ne change rien à la situation. La porte reste entrouverte. Personne n'est capable de la fermer – excepté Jésus-Christ.

Apparition de troubles

Par ailleurs, une fois entrés, les démons ont le droit de s'inviter chez vous, de vous perturber et de vous nuire. Ce droit « de visite » et surtout de capacité à causer des dégâts est souvent proportionnel à la fréquence et au temps investi dans toutes ces pratiques[56]. Sachez que vos efforts ne peuvent rien pour chasser ces démons et réparer les dégâts causés.

Une fois la porte ouverte, divers troubles peuvent apparaître[57]. Certains de ces troubles peuvent se manifester des années après. La palette est vaste. Tous ne sont pas d'égale gravité. Il y a une différence, au niveau des conséquences, entre celui qui consulte un charlatan une fois et celui qui pratique le spiritisme avec succès de manière régulière. Cependant, d'un point de vue spirituel, les deux ont péché, désobéi à Dieu et sont perdus.

Chez une personne qui pratique, a pratiqué ou recherche les services de médiums, astrologues ou guérisseurs, on peut noter les troubles suivants :

- Une dépendance du guérisseur-magnétiseur, du voyant ou du médium. Certains parlent « de véritables ravages accomplis par les magnétiseurs » ;
- Une répulsion, un endurcissement à l'égard de Dieu, de la Bible et en particulier vis-à-vis du nom de Jésus-Christ : des pensées blasphématoires ;
- Troubles de la personnalité ;
- Apparition de maladies ;
- Cauchemars, crises d'angoisses, dépressions, oppressions ;
- Contraintes irrésistibles ;
- Violences ;

---

[56] Certaines personnes n'ont eu qu'une seule expérience avant de recevoir de telles visites.

[57] Ces troubles peuvent aussi être le fruit de causes médicales ou psychiatriques, bien entendu. Il convient d'être prudent et de discerner ce qui relève d'un problème occulte avéré. Si le cas ne relève pas d'une de ces pratiques, il sera bon d'aiguiller la personne vers un médecin, un psychiatre ou un psychologue.

- Idées de suicide (et passages à l'acte) ;
- Perversions sexuelles ;
- Possessions : c'est la forme la plus dure, la plus spectaculaire et la plus extrême ;
- Malédictions sur la famille sur plusieurs générations. C'est, avec la possession, une des conséquences les plus graves. Dans les cas où les pratiques occultes ou magiques se sont transmises sur plusieurs générations, l'on va de difficultés en drames et en catastrophes ;
- Attaques démoniaques. G. Morand souligne que « dans 90 % des cas au moins, la réalité des attaques démoniaques est à mettre en relation avec des contacts plus ou moins suivis avec les pratiques de l'occultisme et de la sorcellerie [58] ».

La liste n'est pas exhaustive.

Si et seulement si le trouble relève d'une pratique occulte, la personne aura besoin de vivre ce qu'on appelle une libération. Une rencontre avec la seule personne qui a pouvoir et autorité sur le diable et ses démons.

---

[58] Georges Morand, *Faut-il encore exorciser aujourd'hui ?*, Fayard, 2000, p. 211.

Chapitre 4

Le libérateur

Que faire si vous êtes en contact avec l'une ou l'autre forme d'occultisme ? Comment être libéré des liens tissés par les esprits dans votre vie ? La réponse tient en un mot : Jésus. Lui seul peut vous libérer et vous débarrasser de tous liens et de toutes conséquences avec le monde occulte. Jésus sauve. Il pardonne. Il restaure.

Je vous laisse découvrir, à travers un épisode de l'Évangile, ce qu'il est capable d'accomplir.

> Ils arrivèrent de l'autre côté du lac, dans la région de Gérasa, où Jésus débarqua. Aussitôt, sortant des tombeaux, un homme qui était sous l'emprise d'un esprit mauvais vint à sa rencontre. Il habitait dans les tombeaux et, même avec une chaîne, personne ne pouvait plus le tenir attaché. Car on l'avait souvent enchaîné et on lui avait mis des fers aux pieds, mais il cassait les chaînes et brisait les fers : personne ne pouvait le maîtriser. Sans cesse, nuit et jour, il errait parmi les tombes et sur les montagnes en hurlant, se blessant contre les rochers. D'aussi loin qu'il vit Jésus, il accourut, se prosterna devant lui et lui cria de toutes ses forces :

– Que me veux-tu, Jésus, Fils du Dieu très-haut ? Je t'en conjure, au nom de Dieu, ne me tourmente pas !

Car Jésus lui disait :

– Esprit mauvais, sors de cet homme !

Jésus lui demanda :

– Quel est ton nom ?

– Je m'appelle Légion, lui répondit-il, car nous sommes une multitude.

Et il pria instamment Jésus de ne pas les renvoyer du pays. Or, il y avait par là, sur la montagne, un grand troupeau de porcs en train de paître. Les esprits mauvais supplièrent Jésus :

– Envoie-nous dans ces porcs, pour que nous entrions en eux !

Jésus le leur permit. Ils sortirent donc de l'homme et entrèrent dans les porcs. Aussitôt, le troupeau, qui comptait environ deux mille bêtes, s'élança du haut de la pente et se précipita dans le lac où elles se noyèrent.

Les gardiens s'enfuirent et allèrent raconter l'histoire dans la ville et dans les fermes. Les gens vinrent donc voir ce qui s'était passé. Arrivés auprès de Jésus, ils virent l'homme qui avait été sous l'emprise de cette légion de démons, assis là, habillé et tout à fait sain d'esprit. Alors la crainte s'empara d'eux. Ceux qui avaient assisté à la scène leur racontèrent ce qui était arrivé à cet homme et aux porcs ; et les gens se mirent à supplier Jésus de quitter leur territoire.

Au moment où Jésus remontait dans la barque, l'homme qui avait été délivré des démons lui demanda s'il pouvait l'accompagner. Mais Jésus ne le lui permit pas. Il lui dit :

– Va, rentre chez toi, auprès des tiens, et raconte-leur ce que le Seigneur a fait pour toi et comment il a eu pitié de toi.

> Alors il s'en alla et se mit à proclamer dans la région des « Dix Villes » ce que Jésus avait fait pour lui – au grand étonnement de ceux qui l'écoutaient[59].

Panique à bord

Cet épisode de l'Évangile met l'accent sur un aspect essentiel : Jésus seul a pouvoir et autorité sur les démons. Sur le monde occulte. Plusieurs passages des récits de l'Évangile mettent en lumière cet aspect. Pendant ses trois ans d'activité, Jésus a consacré une partie non négligeable de son temps à chasser des démons et libérer des personnes liées par des esprits. L'Évangile selon Matthieu raconte : « On lui amena tous ceux qui étaient atteints de diverses maladies et souffraient de divers maux : ceux qui étaient sous l'emprise de démons ainsi que des épileptiques et des paralysés, et il les guérit tous[60] ». Et un peu plus loin : « On lui amena beaucoup de gens qui étaient sous l'emprise de démons : par sa parole, il chassa ces mauvais esprits[61] ».

Les récits de l'Évangile ne nous disent rien sur la manière dont ces personnes se sont retrouvées « squattées » ou tourmentées par des esprits. Quelle a été la porte d'entrée pour que cet homme se retrouve possédé par plusieurs démons, voire des centaines[62] ? Avait-il pratiqué une forme d'occultisme ? Avait-il hérité ces démons de liens familiaux ? On sait qu'il vivait parmi les tombeaux. Un lieu considéré, en ce temps-là, comme impur et comme le champ d'activité des esprits, surtout la nuit.

La présence physique de Jésus dans la région de Gérasa provoque un choc entre deux puissances. La première remplit cet homme de démons. L'autre, incarnée par Jésus, remplit

---

[59] La Bible : Évangile selon Marc, chapitre 5 versets 1 à 20.

[60] La Bible : Évangile selon Matthieu, chapitre 4 verset 24.

[61] La Bible : Évangile selon Matthieu, chapitre 8 verset 16.

[62] Voir aussi l'histoire de cet homme dans la Bible : Évangile selon Luc, chapitre 8 versets 26 à 39.

elle aussi d'une présence, mais toute différente : la présence de Dieu. La venue de Jésus sur terre et en particulier dans cet endroit déclenche un choc d'une extrême violence. Jésus fait incursion dans le territoire de l'ennemi. Il cherche à lui ravir, lui reprendre ce pauvre esclave de centaines de démons. « Le Fils de Dieu est précisément apparu pour détruire les œuvres du diable[63] » affirme un passage des Écritures. Pas étonnant que la présence de Jésus ait suscité une réaction si violente de la part du diable et de ses démons. C'est le reproche que les démons lui feront : « Es-tu venu nous tourmenter avant le temps[64] ? » L'arrivée de Jésus réveille, dérange, démasque les démons. Ça va être leur « fête ». Le temps est venu pour eux d'être expulsés. De déguerpir. Par sa présence et sa parole, Jésus sème la panique totale dans le camp de Satan et de son équipe. « Que me veux-tu, Jésus, Fils du Dieu très-haut ? Je t'en conjure, au nom de Dieu, ne me tourmente pas[65] ! » lui dira cet homme.

En témoigne aussi cet autre extrait de l'Évangile :

> D'un ton sévère, Jésus ordonna [au démon] : Tais-toi et sors de cet homme ! Alors l'esprit mauvais secoua l'homme de convulsions et sortit de lui en poussant un grand cri. Tous furent saisis de stupeur ; ils se demandaient entre eux : Que se passe-t-il ? Voilà un enseignement nouveau, et donné avec autorité ! Il commande même aux esprits mauvais, et ils lui obéissent[66] !

Délivré des démons par une simple prière

Cet extrait de l'Évangile révèle que Jésus est la clé pour être libéré, débarrassé de tout mauvais esprit et de tout lien avec le monde occulte.

---

[63] La Bible : Première lettre de Jean, chapitre 3 verset 8.

[64] La Bible : Évangile selon Matthieu, chapitre 8 verset 29.

[65] La Bible : Évangile selon Marc, chapitre 5 verset 7.

[66] La Bible : Évangile selon Marc, chapitre 1 versets 25 à 27.

Un week-end, dans une église de l'est de la France, je suis invité comme orateur. Le samedi, avec deux responsables de la communauté, je visite une femme nouvellement convertie à la foi chrétienne. Elle demande à ce que je prie pour son fils, âgé d'une vingtaine d'années. Celui-ci vit reclus, tel un ermite, depuis près de trois ans, dans une pièce du sous-sol aménagée en chambre d'où il ne sort pratiquement jamais. Il n'a ni télévision ni ordinateur ni portable ni radio ni console de jeux. Il n'a aucun contact avec le monde extérieur. Sa mère lui apporte à manger et essaie de le faire sortir, de communiquer. Rien n'y fait. Devant ses accès de colère et de violence incontrôlée, sa mère se protège tant bien que mal, ne cherchant pas trop à savoir ce qui se passe dans cette pièce. Elle est persuadée que son fils est attaqué par des puissances spirituelles occultes. Par des démons.

Ce jour-là, le jeune homme ne sait pas que nous sommes présents. Nous sommes dans le salon au rez-de-chaussée. Nous prions pour la maman, et en particulier pour lui. Je prie, suppliant Jésus de se manifester et de libérer ce jeune homme des puissances qui l'asservissent. Puis nous partons. Quelques jours plus tard, je reçois un coup de téléphone de cette dame. Elle me raconte, émue, que suite à notre passage et à la prière, son fils est miraculeusement sorti de la cave. Il va bien. Il n'est plus violent et semble dans son état normal. Que s'est-il passé ? Sa mère cherche à savoir. Il ne dit rien. À plusieurs reprises par la suite, je chercherai à le rencontrer. C'est seulement près de trois ans plus tard, lors d'un nouveau voyage dans la région, qu'il accepte de me rencontrer et de me relater son histoire.

Voici ce qui s'est passé. Le jour où nous étions venus prier pour que Jésus le libère, soudainement, il a été projeté à terre par une force invisible. Il s'est mis à trembler de tout son corps. Il a senti une puissance destructrice monter en lui. Il bavait. Il ne comprenait rien à ce qui lui arrivait. Il se sentait très mal. Le combat a duré quelques minutes. Puis, brusquement, il a été libéré d'esprits mauvais qui sont sortis de son corps. Immédiatement, il s'est retrouvé dans son état normal. Quelques jours après il est sorti de son cloisonnement. Ce jeune ne se rappelle pas les trois années vécues dans sa chambre. Mais, comme il l'explique lui-même, il se souvient de la date, du jour, de l'heure, de la météo et des détails de cette journée où Jésus est venu le libérer alors qu'il ne le connaissait pas. Aujourd'hui, il va bien. Il est autonome. Et reconnaissant envers celui qui l'a délivré : Jésus.

Chaque délivrance est particulière. Dans la plupart des cas, la coopération de la personne est préférable pour la délivrer. Mais ce n'est pas une condition obligatoire. Il n'est pas non plus nécessaire de parler aux démons pour libérer la personne. Jésus a procédé de cette manière avec l'homme qui vivait parmi les tombeaux : « Esprit mauvais, sors de cet homme[67] ! » Mais dans le cas du jeune homme cité plus haut, Jésus savait que celui-ci ne maîtrisait pas grand-chose de sa vie. De plus, nous ne pouvions pas le rencontrer. Une fois encore, chaque cas est spécifique.

Le secret de sa puissance révélé

Par quelle autorité Jésus a-t-il pu libérer ces deux hommes ? D'où vient sa puissance ? Comment se fait-il qu'hier comme aujourd'hui, le fait de prononcer son nom avec foi mette en déroute les démons ?

Je vois deux raisons.

Jésus est le Fils de Dieu. Pour une fois, les démons étaient plus éclairés sur cette réalité que les contemporains de Jésus. Normal : tout comme Jésus, ils viennent du monde spirituel. Les démons qui tenaient l'homme qui vivait parmi les morts « se mirent à crier : Que nous veux-tu, Fils de Dieu ? Es-tu venu nous tourmenter avant le temps[68] ? » Les démons

67 La Bible : Évangile selon Marc, chapitre 5 verset 8.

68 La Bible : Évangile selon Matthieu, chapitre 8 verset 29.

connaissaient parfaitement Jésus. Ils savaient qu'en tant que Fils de Dieu, Jésus avait tout pouvoir et toute autorité sur eux. Ils savaient que Dieu l'avait envoyé sur terre comme le précise l'apôtre Jean « pour détruire les œuvres du diable[69] ».

La première raison se trouve donc dans la personne de Jésus. Plus précisément, dans son nom, puisque le nom représente la personne. Jésus est le Fils de Dieu. N'en déplaise à ceux qui ne voient en lui qu'un prophète, un guérisseur ou un agitateur. Il est Dieu en chair et en os. Il a foulé le sol de notre monde il y a plus de 2000 ans. Aujourd'hui, il vit toujours. Voilà pourquoi il peut secourir. « J'ai reçu tout pouvoir dans le ciel et sur la terre[70] » dira Jésus à ses disciples avant de quitter cette terre.

Êtes-vous troublé, angoissé par des esprits ? Faites donc appel à Jésus. Expérimentez, comme cette personne, la puissance de son nom. Régulièrement, la nuit, elle était tourmentée physiquement par des esprits au point d'étouffer. Prise de panique, elle s'est souvenue de ce que quelqu'un lui avait dit, bien des années auparavant : « Si un jour tu as affaire au monde occulte, fais appel avec conviction au nom de Jésus ». Avec foi, elle a crié « Jésus, sauve-moi ! » et les esprits ont immédiatement lâché prise. Agissez ainsi, mais avec foi et non comme un acte magique. Sinon, il risque de vous arriver de sérieux problèmes. Un jour, relate la Bible, des exorcistes ambulants juifs se sont amusés à invoquer le nom du Seigneur Jésus sur des personnes qui étaient sous l'emprise d'esprits mauvais :

> – Par le nom de ce Jésus que Paul annonce, disaient-ils, je vous ordonne de sortir.
>
> Mais l'esprit mauvais leur répondit : Jésus ? Je le connais. Paul, je sais qui c'est. Mais vous, qui êtes-vous ? Là-dessus, l'homme qui avait en lui le mauvais esprit se jeta sur eux, les maîtrisa et les malmena avec

---

[69] La Bible : Première lettre de Jean, chapitre 3 verset 8.

[70] La Bible : Évangile selon Matthieu, chapitre 28 verset 18.

une telle violence qu'ils s'enfuirent de la maison, les vêtements en lambeaux, et couverts de blessures [71].

Pour vous éviter un incident de ce genre, cherchez à connaître qui est Jésus. Demandez-lui de se révéler à vous. De vous sauver. De pardonner vos péchés. Puis demandez-lui de vous libérer. Et rappelez-vous : son nom est puissant. Même si vous ne le reconnaissez pas encore comme votre Sauveur.

La seconde raison se trouve dans la puissance de Jésus, révélée lors de l'évènement capital de sa vie : sa mort sur la croix. Pourquoi Jésus a-t-il été mis en croix ? Une erreur judiciaire ? Un coup médiatique ou l'expression d'un noble sentiment ? N'y aurait-il pas une raison plus profonde ? Depuis toujours, Jésus connaissait sa mission. À plusieurs reprises, il annoncera à ses disciples le pourquoi de sa venue : « Il faut que le Fils de l'homme souffre beaucoup et soit rejeté par les responsables du peuple, les chefs des prêtres et les spécialistes de la Loi ; il doit être mis à mort et ressusciter le troisième jour [72] ». Sa mort était prévue. Programmée.

Pourquoi devait-il mourir ? J'aborde ici le cœur de la foi, le secret, ce qui en fait la force, la puissance, encore aujourd'hui. La mort et la résurrection de Jésus sont directement liées au problème du péché. Du mal. Si le péché n'avait pas été présent en ce monde, Jésus n'aurait pas eu besoin de venir et de mourir. Le péché a plusieurs significations. J'en retiendrai une, la principale. « Le péché, par définition, c'est la violation de la Loi [de Dieu] [73] ». Dans le cas présent, pour être concret, pécher, c'est pratiquer l'une ou l'autre forme d'occultisme, même insignifiante, décrite dans cet ouvrage, et surtout dans la Bible !

---

[71] La Bible : Livre des Actes des Apôtres, chapitre 19 versets 13, 15 et 16.

[72] La Bible : Évangile selon Luc, chapitre 9 verset 22.

[73] La Bible : Première lettre de Jean, chapitre 3 verset 4.

Le péché est grave, par rapport à Dieu. Car il nous éloigne, nous sépare de Dieu. Il est grave par rapport à nous-mêmes et par rapport aux autres. Il produit, tôt ou tard, des séquelles, des souffrances physiques, morales ou psychologiques. Et enfin, il est grave par rapport au monde spirituel occulte. En désobéissant, nous ouvrons une porte aux démons et esprits mauvais. Il va falloir que quelqu'un ferme cette porte.

Pour faire simple, deux solutions s'offraient à Dieu pour régler la question du péché.

- La première, nous faire payer. Le problème est que personne ne peut payer pour ses propres péchés. Même pas le Mexicain Carlos Slim Helu, l'homme le plus riche du monde, avec ses 53,5 milliards de dollars de fortune.
- Ou bien trouver lui-même une solution. Par solidarité, par amour pour nous, Dieu a choisi cette solution. Le seul qui, dans tout l'univers, était capable de payer pour les fautes du monde entier était son propre Fils, Jésus de Nazareth. Parce qu'il vient de Dieu, qu'il est sans péché, parfait. Lui seul avait la capacité de nous sauver.

Voilà pourquoi la Bible précise à maintes reprises :

> Le Christ est mort pour nos péchés, conformément aux Écritures ; il a été mis au tombeau, il est ressuscité le troisième jour, comme l'avaient annoncé les Écritures [74].

La mort de Jésus a une signification spirituelle d'une extrême importance. Par sa mort sur la croix, il a littéralement pris sur lui le mal des hommes. Il a porté votre péché, vos manquements, vos pratiques occultes avec leurs conséquences, vos désobéissances, vos mensonges, vos adultères, vos addictions, votre orgueil. Bref, tout ce que Dieu consi-

[74] La Bible : Première lettre aux Corinthiens, chapitre 15 versets 3 et 4.

dère comme péché. Une telle mission nécessitait plus qu'un homme. Il fallait Dieu. L'homme-Dieu, Jésus de Nazareth.

* * *

Comment se fait-il que l'homme qui errait parmi les tombes ait pu être libéré en un instant de tous ses démons ? D'une part, parce que Jésus était et est Fils de Dieu. Les démons eux-mêmes reconnaissaient son autorité et sa puissance. La seule présence du Christ les faisait trembler. D'autre part, parce que Jésus savait qu'il mourrait sur une croix pour les péchés de cet homme. C'est donc sur la base de la personne de Jésus et sur son sacrifice que cet homme a pu retrouver ses facultés et vivre une nouvelle vie.

Il en va de même pour le jeune homme cité plus haut. Lui aussi a été libéré grâce à la mort de Jésus. Avec, cependant, un aspect supplémentaire : la résurrection. Mort et retour à la vie du Christ vont de pair. Sa mort nous garantit le pardon. Jésus prend notre péché. Sa résurrection actualise les conséquences de sa mort. Elle nous permet de recevoir et d'expérimenter aujourd'hui le pardon de nos fautes. De plus, le fait que Jésus soit revenu à la vie nous offre une nouvelle perspective. En croyant en lui, nous recevons le don d'une vie nouvelle. La vie éternelle. Le retour à la vic de Jésus contient donc en lui-même une nouvelle passionnante. Grâce à lui, nous pouvons expérimenter la réalité de Dieu aujourd'hui. Ici et maintenant.

Un mot encore, sur la mort et la résurrection de Jésus. La Bible précise qu'à la croix, Jésus « a désarmé toute Autorité, tout Pouvoir, les donnant publiquement en spectacle quand il les a traînés dans son cortège triomphal après sa victoire à la croix[75] ». Autrement dit, la mort de Jésus signe la défaite de Satan et de ses démons. Dans quel sens faut-il comprendre cette défaite ? De deux manières : défaite d'abord parce que la victoire de Jésus, il y a 2000 ans, est totale. Les puissances

---

[75] La Bible : Lettre aux Colossiens, chapitre 2 verset 15.

occultes ont perdu la bataille. L'éviction finale de Satan et de ses démons n'est qu'une question de temps. Défaite, ensuite, dans le sens où, depuis la venue de Jésus et son œuvre à la croix, il est possible à toute personne ayant eu affaire à ce monde de ténèbres d'être pardonnée. Et libérée de toute influence, de tous liens avec le monde obscur.

C'est la bonne nouvelle du message de l'Évangile. Cette nouvelle peut devenir vôtre aujourd'hui. Le prochain chapitre vous en livrera toutes les clés.

Chapitre 5

Six clés vers le chemin de la liberté

Dans le passage biblique du chapitre précédent, nous avons vu que Jésus seul a le pouvoir, la puissance de libérer. Sa mort et sa résurrection sont la base de votre propre libération. Le fondement. Maintenant, il va falloir vous l'approprier, le vivre et l'expérimenter. Les étapes suivantes vous seront d'une grande aide pour cela.

Clé 1 • Vouloir être libre de tous liens avec le monde occulte

J'ai rencontré des personnes qui voulaient être libérées des conséquences de l'occultisme. Tels que des bruits inexpliqués dans leur domicile. Des problèmes physiques. Des visitations d'esprits ou étouffements nocturnes. De forts sentiments de présences. Elles avaient peur. En les questionnant, j'ai vu qu'elles n'étaient pas prêtes à abandonner leurs contacts avec ce monde.

Avant de vous aventurer plus loin, posez-vous sérieusement les questions suivantes :

- Suis-je prêt(e) à couper tous les liens avec le monde occulte ?
- Suis-je prêt(e) à aller jusqu'au bout de ma démarche ?
- Suis-je prêt(e) à remplacer la présence des esprits par la présence bienfaisante de Jésus ?

Clé 2 • Se repentir de tout péché connu

« Changez et tournez-vous vers Dieu pour qu'il efface vos péchés [76] » déclare la Bible. Le pardon de Dieu est gratuit, la délivrance aussi. Vous ne pouvez rien faire pour mériter ces dons. Dieu accorde son pardon à ceux qui reconnaissent leurs torts, qui confessent leurs fautes et changent d'attitude. De comportement.

À qui faut-il confesser ou dire ce que vous avez commis ? À Dieu d'abord, puisque c'est lui le principal offensé. C'est à lui que vous avez désobéi en premier lieu. Priez à haute voix, avec vos propres mots si vous y arrivez. Il peut aussi être appréciable, surtout dans le cadre de péchés liés à l'occultisme, de vous en ouvrir à une personne digne de confiance. En effet, des manifestations que vous ne contrôlez pas risquent de se produire dans certains cas. Allez donc voir un pasteur, ou un chrétien de votre entourage, éclairé sur ces choses. Dites-lui ce que vous avez fait. Cette personne vous écoutera, vous conduira dans la prière, dans la formulation des phrases. Elle priera ensuite pour vous, au nom de Jésus-Christ, et vous attestera le pardon de Dieu.

Dans votre repentance, veillez à ne pas prier de manière vague et générale en disant par exemple : « Pardon, Dieu, pour le mal que j'ai fait ». Je vous recommande de nommer un à

---

[76] La Bible : Livre des Actes des Apôtres, chapitre 3 verset 19.

un les péchés dans lesquels vous êtes tombé. Pour vous aider, vous pouvez même les noter sur une feuille (que vous déchirerez ou brûlerez ensuite). Puis, dans la prière, reprenez-les un à un. Vous pouvez aussi vous aider de la prière mentionnée en fin de chapitre. Prenez-vous du temps et ne négligez pas cette étape. Demandez à l'Esprit de Dieu de vous éclairer. Il vous révélera peut-être des pratiques oubliées.

Dans bien des cas, le simple fait de demander pardon à Dieu vous libérera. Je l'ai constaté à bien des reprises. Vous vous sentirez soulagé(e). Bien. Parce que vous aurez invité la lumière du Christ à faire irruption dans votre vie. Et s'il y a une chose que les ténèbres ne supportent pas, c'est bien *la lumière* !

Après avoir baigné dans l'occultisme et découvert Jésus, Franck a été conduit par des pasteurs dans une prière de repentance. Il raconte :

> Ils m'invitaient à demander pardon à Dieu pour mes péchés. Je prenais conscience d'avoir péché en pratiquant l'occultisme. Ils m'invitèrent à accepter Jésus comme Sauveur et Seigneur de ma vie. De ma bouche, j'ai confessé Jésus-Christ comme mon Sauveur et l'amour de Dieu a rempli ma vie. Cela ressemblait à des cascades rafraîchissantes. Mon esprit était envahi d'une vision spirituelle. Un trône m'est apparu pour laisser place à un fleuve d'une puissance extraordinaire. Ce fleuve était limpide et pur comme du cristal. Il tomba sur moi, visitant mon être tout entier. J'entendis alors des bruits étranges en moi. Ces bruits étaient ceux de verrous que l'on ouvre, de chaînes que l'on arrache. J'entendis le bruit sourd d'une porte de prison qui, après avoir été enlevée de ses gonds, tombe et ébranle le sol. Une paix surnaturelle me remplissait de la tête aux pieds. J'étais totalement libéré et comme mort sur ma chaise. Je savais que j'étais devenu chrétien, que j'étais pardonné et que j'avais la vie éternelle. Enfin, j'étais libre. Je me

sentais léger. Des tonnes de fardeaux venaient d'être enlevées de mes épaules.

Clé 3 • Croire en Jésus-Christ

Après avoir confessé vos péchés à Dieu, exprimez-lui, toujours dans la prière, votre confiance en Jésus et en son sacrifice pour vous [77].

Vous devez savoir une chose. Ce n'est pas la repentance qui vous sauve, mais uniquement la foi en Jésus. Cette réalité est exprimée, entre autres, dans ces deux passages de la Bible :

> Crois au Seigneur Jésus [...] et tu seras sauvé [78].
>
> Dieu a tant aimé le monde qu'il a donné son Fils, son unique, pour que tous ceux qui placent leur confiance en lui échappent à la perdition et qu'ils aient la vie éternelle [79].

En quoi consiste la foi ? Croire en Jésus implique 3 choses :

- Vous reconnaissez l'existence de Dieu ;
- Vous croyez que Jésus est mort à la croix et ressuscité d'entre les morts pour vous sauver de vos péchés ;
- Vous êtes prêt(e) à le suivre, à vivre avec lui, à lui laisser le contrôle de votre vie.

C'est l'étape-clé. Celle qui vous fera passer de la mort à la vie. Des ténèbres à la lumière. Vous avez désormais reconnu en Jésus votre Sauveur et Maître. Vous êtes sauvé. Tous

---

[77] Certaines personnes sous l'emprise des esprits mauvais se retrouvent dans l'incapacité de prononcer le nom de Jésus. Si vous êtes dans ce cas, cherchez de l'aide auprès d'une personne sérieuse, formée et conséquente dans ce domaine. Celle-ci se chargera de faire le nécessaire pour vous libérer.

[78] La Bible : Livre des Actes des Apôtres, chapitre 16 verset 31.

[79] La Bible : Évangile selon Jean, chapitre 3 verset 16.

vos péchés sont pardonnés[80]. Une nouvelle étape de votre vie commence.

Clé 4 • Demander une prière de libération

Il peut arriver, après avoir franchi les étapes précédentes, que des séquelles demeurent. Comme des dons de guérisons occultes. Un don de voyance. De médiumnité. Des pensées blasphématoires. Le sentiment d'une présence étrangère à certains moments. Que faire ? Si tel est le cas, ne restez pas ainsi, pensant que la situation va s'améliorer d'elle-même. Parlez-en à un pasteur. Vous pouvez aussi demander de l'aide à un chrétien qui connaît bien la Bible et qui est éclairé sur la réalité de ce monde spirituel. Cette personne discernera ce qu'il en est, sous la conduite de l'Esprit saint et de la Bible. Elle priera pour vous de manière spécifique et adaptée. Il se peut que des manifestations aient lieu. Certains individus se mettent à trembler. Comme cet homme pour qui j'avais prié. Pendant des années, il avait consulté des guérisseurs et médiums. Quand j'ai prié pour lui, il s'est mis à trembler de tout son corps de manière incontrôlée. Il a ensuite exprimé qu'une force malsaine était sortie de lui et avait fait place à un profond sentiment de paix et de soulagement.

D'autres personnes seront guéries. Comme cette femme qui souffrait d'une très forte acné sur le visage. Dans les jours qui ont suivi, elle a retrouvé une peau d'enfant. Dans son cas, ces boutons disgracieux étaient apparus suite à des consultations chez un guérisseur. Le mal dont elle avait été guérie s'était déplacé ailleurs. Une autre personne, suite à une confé-

---

[80] La Bible déclare : « Si nous reconnaissons nos péchés, il est fidèle et juste et, par conséquent, il nous pardonnera nos péchés et nous purifiera de tout le mal que nous avons commis » (la Bible : Première lettre de Jean, chapitre 1 verset 9). Notez que le péché est pardonné à partir du moment où il est confessé. D'où l'importance de confesser tout péché connu et révélé non seulement par rapport à l'occultisme mais aussi dans tous les aspects de la vie. Tant que le péché n'est pas confessé l'ennemi conserve une influence sur la vie de la personne.

rence sur ce sujet, m'a téléphoné le lendemain pour m'informer qu'elle avait enfin pu passer, après des mois, une nuit tranquille, sans angoisses ni peur. Elle aussi se sentait libérée. Une présence malsaine l'avait quittée.

D'autres encore perdront leur don, comme ce voyant. Voici un extrait de son témoignage :

> Avec mon nouvel ami prêtre, nous avons prié ensemble. Après l'avoir raccompagné au départ de l'autocar, je suis retourné à l'église. Et là, seul devant le Seigneur, dans le silence de mon cœur, au pied de la croix de Jésus, je lui ai proposé de me débarrasser de mon pouvoir de voyant. Le résultat a été immédiat. Sur le trottoir qui me ramenait à la maison, s'étalaient plusieurs terrasses de café où j'avais l'habitude de passer un moment avec les curistes. Comme à l'habitude, ceux qui connaissaient mes démonstrations m'appelèrent :
>
> – Viens prendre l'apéritif avec nous ! Qu'est-ce que tu vois pour moi ?
>
> J'ai dû me rendre à l'évidence et reconnaître devant eux :
>
> – Je ne vois plus rien, c'est terminé. Je ne vois plus rien.
>
> Et depuis cette date, je ne vois plus rien. Ou plutôt, je vois autrement [81].

Dans un autre domaine occulte, Jérémie a, lui aussi, vécu quelque chose de fort. Lors d'une rencontre chrétienne, il s'est avancé vers un pasteur et une dame pour demander la prière :

> Je leur ai dit que j'avais fait du spiritisme. Ils m'ont imposé les mains. Puis le pasteur s'est mis à prier. Ça m'a fait tout bizarre. J'ai senti quelque chose changer en moi, sans vraiment savoir quoi. Mon cœur s'est transformé, et je me sentais en paix. Le pasteur m'a alors dit : « Jérémie, réjouis-toi, car Dieu t'a sauvé des ténèbres qui t'entouraient et il te protégera ».

[81] Michel Berette, op. cit.

> Il m'a conseillé de m'avancer devant la grande croix qui était dans la salle, et de remettre ma vie entre les mains de Jésus. Arrivé devant la croix un autre pasteur, suite à la lecture d'un passage biblique, a dit : « Vous avez peut-être été dans les ténèbres une période de votre vie, mais Dieu, ce soir, vous en a sorti car il vous aime de tout son cœur ».
>
> J'ai été tellement touché par cette parole que je me suis écroulé à terre. J'ai pleuré. J'ai pris conscience de tout le mal que j'avais fait à Dieu par le spiritisme. Puis j'ai pleuré encore plus parce que j'ai pris conscience que Jésus était mort à cause de moi.

Certaines manifestations peuvent être spectaculaires. Dans d'autres cas, rien ne semble se passer. Pas de signe extérieur. Si ce n'est que la personne est envahie d'une grande paix. Elle repart soulagée. L'essentiel, vous l'avez compris, n'est pas de vivre quelque chose de spectaculaire ou non. Ce qui importe, c'est d'être libre.

Cette étape est à prendre au sérieux. Bien des nouveaux croyants ont eu à subir des conséquences pendant des mois, voire des années, faute d'avoir rencontré quelqu'un pour les aider.

Raymonde a hérité de dons de médiumnité et de guérison de sa grand-mère. Suite à sa conversion à Jésus-Christ, elle a été l'objet de manifestations occultes pendant plusieurs mois :

> Un jour, alors que j'étais chez moi, j'ai entendu une voix qui me disait de me jeter par la fenêtre. Cette voix précisait que je ne risquais rien puisque des anges me porteraient pour me sauver et me déposeraient en bas. J'habitais au quatrième étage. J'ai ouvert la fenêtre pour l'enjamber et sauter. À cet instant, une autre voix me dit dans mon cœur : « Tu ne tenteras pas le Seigneur ton Dieu ». J'ai fermé la fenêtre. Angoissée, j'ai ouvert ma Bible et cherché si par hasard ces paroles étaient écrites. Je les ai tout de suite trouvées [...].

> Bible et cherché si par hasard ces paroles étaient écrites. Je les ai tout de suite trouvées [...].
>
> Quelques jours plus tard, la nuit, je me suis réveillée avec l'envie d'égorger tous les membres de ma famille et de voir leur sang se répandre sur moi. Je ne pensais qu'à cela. C'était irrésistible. Finalement, je me suis levée, je me suis dirigée vers la salle à manger, j'ai pris ma Bible et j'ai lu aussi longtemps que j'ai pu. J'étais terrorisée par ce qui m'arrivait. Je me suis demandée si je ne devais pas me faire hospitaliser dans un service psychiatrique.

Après plusieurs entretiens, Raymonde a enfin rencontré des personnes éclairées sur le sujet :

> Lorsque je suis arrivée chez mes amis, le pasteur ainsi que d'autres personnes étaient présents. Nous nous sommes mis à genoux pour remercier Dieu pour ma conversion à Jésus-Christ. Puis nous lui avons demandé de me délivrer de toutes ces puissances occultes. Je ne me rappelle plus les paroles que le pasteur a prononcées dans sa prière. Je sais une chose : à partir de ce moment, j'étais totalement délivrée de tout lien[82].

Clé 5 • Tenir ferme dans la foi

Après être passé par toutes les étapes décrites, il peut arriver que vous ressentiez encore certains malaises. Vous avez réglé le problème. Vous êtes désormais libre. Toutefois, celui que la Bible nomme « l'ennemi de nos âmes » essaie de s'accrocher : « Votre adversaire, le diable, rôde autour de vous comme un lion rugissant, qui cherche quelqu'un à dévorer[83] ».

Il veut vous faire croire qu'il est vainqueur. Que vous ne vous en sortirez jamais. Que faire ?

---

[82] Extrait du témoignage de Raymonde Floriot. Avec autorisation.

[83] La Bible : Première lettre de Pierre, chapitre 5 verset 8.

> Résistez-lui en demeurant fermes dans votre foi, car vous savez que vos frères dispersés à travers le monde connaissent les mêmes souffrances [84].
>
> Soumettez-vous donc à Dieu, résistez au diable, et il fuira loin de vous [85].

Tenez ferme dans votre foi. Vous appartenez maintenant à Jésus-Christ. Vous avez donc toute l'autorité pour résister au diable et remporter la victoire. Lisez la Bible à voix haute. Lisez, par exemple, l'épître de Paul aux Éphésiens, chapitre 6 les versets 10 à 20. Proclamez la victoire de Jésus à la croix. Dites que vous croyez en sa victoire à la croix et qu'elle devient maintenant votre victoire. Placez-vous, dans la prière, sous son précieux sang qui a coulé pour vous à la croix. Louez Dieu de tout votre cœur. Vous verrez : le diable et ses démons ne tiendront pas longtemps. Ils vous laisseront définitivement tranquille.

Olivier a traîné de longues années dans diverses formes d'occultisme. Après sa conversion et sa libération, les esprits mauvais ont essayé à plusieurs reprises de mettre leurs sales pattes sur sa famille :

> Mon épouse était aussi l'objet d'attaques notamment le soir. Une fois couchée, elle était prise d'étouffements. C'était spectaculaire. Nos deux jeunes enfants étaient perturbés dans leurs comportements. Ils étaient pris pour cible par le mal. Le mal essayait de nous faire peur. De nous ramener à lui. De nous faire douter. Nous sommes restés fermes avec le soutien de personnes de notre communauté. Jésus était victorieux : victorieux des tentations du mal, victorieux des démons, victorieux par son sacrifice sur la croix, victorieux par sa mort et sa résurrection. Nous avons loué Dieu dans ces moments. La musique chrétienne (louange) est un moyen extraordinaire pour repousser le mal. Mon épouse et moi

---

[84] La Bible : Première lettre de Pierre, chapitre 5 verset 9.

[85] La Bible : Lettre de Jacques, chapitre 4 verset 7.

avons prié pour nos enfants et pour nous afin que nous soyons protégés et délivrés. La lumière de Jésus s'est ainsi levée sur notre famille. Le passage de l'ombre à la lumière s'est opéré. Merci Seigneur.

Clé 6 • Se débarrasser de tout matériel occulte en votre possession

Je ne suis pas votre directeur de conscience. Mais, dans ce domaine, il est préférable d'être radical. La Bible elle-même nous encourage en ce sens. Elle mentionne le cas de personnes qui avaient pratiqué la magie et d'autres formes d'occultisme. Après la prédication de l'Évangile par l'apôtre Paul, il est précisé que « ceux qui avaient pratiqué la sorcellerie apportèrent leurs livres et les brûlèrent devant tous. On en calcula la valeur et l'on en trouva pour cinquante mille pièces d'argent[86] », soit l'équivalent de 150 années de smic, presque deux millions d'euros ! Certains auraient dit : « Vendons tout cela aux enchères sur eBay[87] ! » Pourquoi être aussi radical et ne pas faire preuve de davantage de souplesse ? D'abord, parce que l'Écriture nous encourage en ce sens. Ensuite, l'être humain, même pardonné, délivré et rétabli, reste fragile, faible. Il suffit d'un moment de découragement, d'incertitude, de mélancolie pour que la pensée de retourner aux pratiques occultes traverse notre esprit.

Par conséquent, mieux vaut faire le ménage et détruire livres, grimoires, pendules, prières secrètes, objets donnés, etc., bref tout ce qui pourrait être, pour vous, ou pour d'autres une occasion de chute. Tant pis pour l'argent que vous perdrez. Ce que vous venez de gagner vaut bien plus !

Prière pour être pardonné

---

[86] La Bible : Livre des Actes des Apôtres, chapitre 19 verset 19 – version *Colombe*.

[87] Site Internet de vente à distance.

La balle est maintenant dans votre camp. À vous de jouer. Ou plutôt d'être pardonné, délivré. Le voulez-vous ? Souhaitez-vous être libéré des liens que vous avez contractés avec le monde occulte ? Dans ce cas, je vous invite à utiliser comme support la liste et la prière ci-dessous.

La liste vous aidera à identifier les pratiques et expériences spirituelles contraires à la volonté de Dieu. Cochez les activités auxquelles vous avez participé. Puis reportez-les à l'emplacement prévu dans la prière.

Pour finir, répétez-la à haute et intelligible voix. Faites-le du fond de votre cœur, avec conviction. Puis complétez, si besoin, par les étapes décrites précédemment.

Inventaire des pratiques occultes et ésotériques

- ☐ magnétiseur, guérisseur, reiki
- ☐ clairvoyance (ou « précognition »)
- ☐ ensorcellements, malédictions, désenvoûtements
- ☐ spiritisme
- ☐ magie noire ou blanche
- ☐ avoir un esprit comme guide
- ☐ tarots ou prédiction de l'avenir
- ☐ superstitions
- ☐ radiesthésie (pendule, etc.)
- ☐ projection astrale (voyage de l'âme)
- ☐ oui-ja (« verre parlant »)
- ☐ cartomancie
- ☐ table tournante
- ☐ écriture automatique
- ☐ numérologie
- ☐ télépathie (transmission de pensée)
- ☐ lecture des lignes de la main
- ☐ pacte de sang ou entailles
- ☐ astrologie ou horoscope
- ☐ rêves prémonitoires ou visionnaires
- ☐ chamanisme
- ☐ matérialisation d'objet (télékinésie)
- ☐ autre :

Ma prière

Cette prière n'est pas une formule magique ou un rituel, mais une démarche sincère devant Dieu. C'est la vérité que vous proclamez qui vous rend libre et non la simple récitation de ces mots.

Dieu,

Aujourd'hui j'ai réalisé que l'occultisme, quelle que soit sa forme, est un péché. Je veux être pardonné et libéré du mal que je t'ai fait, que je me suis infligé et que j'ai infligé à mon entourage.

Je confesse que j'ai participé à :

[notez-les au préalable sur une feuille et intégrez-les à votre prière]

Et d'un cœur sincère je m'en repens. Je veux m'en détourner à tout jamais.

Je crois que tu m'accordes ton pardon grâce à ton fils Jésus-Christ. Je crois qu'il est mort sur la croix, qu'il a versé son précieux sang pour mes péchés et qu'il est mort à cause de mes péchés. Je crois qu'il est ressuscité le troisième jour. Jésus, je t'accepte maintenant comme Sauveur et Maître de ma vie. Désormais je veux te suivre.

Seigneur, je renonce également à toute implication avec le monde occulte. En ton nom, je brise toute influence que le diable et ses démons ont pu acquérir dans ma vie par ces pratiques. Grâce à ta victoire, Jésus, je proclame qu'ils n'ont plus aucun droit sur moi.

À partir de ce jour je suis ton enfant. Je t'appartiens et je suis libre pour ce temps et pour l'éternité.

C'est en ton nom, Jésus, que j'ai prié.

Amen !

Chapitre 6

Vos questions, mes réponses

Vous trouverez, dans ce chapitre, les questions qui me sont le plus fréquemment posées lors des dîners-conférences que je donne. Redisons-le : il est impossible de faire le tour du sujet et de répondre à tous les cas. Le nombre de pratiques appartenant de près ou de loin à la grande famille de l'occultisme est incalculable. De plus, les noms et pratiques changent en fonction des régions, pays, peuples et coutumes locales. Mais avec un peu de connaissance et de discernement, il est possible de savoir si on est en présence ou non d'une pratique faisant appel à des puissances cachées, occultes.

1. Qu'est-ce que le spiritisme ?

Le spiritisme fonde sa croyance sur la possibilité d'une communion entre morts et vivants au moyen d'un intermédiaire : le médium. Pour une définition de cette personne reportez-vous au chapitre un. Le spiritisme tel que nous le connaissons aujourd'hui a pris naissance au 19e siècle avec

Alan Kardec. Cette croyance n'a cependant rien de nouveau puisqu'elle existe depuis l'Antiquité. Dans bien des peuples, religions ou croyances (chamanisme, vaudou, etc.), la « nécromancie » se pratique (du grec *nekros* : « mort », et *manteia* : « divination »). La nécromancie consiste donc à deviner l'avenir en interrogeant les morts. Les manières dont le spiritisme se décline peuvent être très différentes, mais le fond reste toujours le même : entrer en contact avec les esprits des morts afin de recevoir des éclaircissements sur les événements passés, présents ou futurs.

La Bible contient de nombreux passages explicites sur la nécromancie. La mise en garde est d'une rare sévérité :

> Ne cherchez d'aucune manière à entrer en contact avec les esprits des morts[88].
>
> Si un homme consulte d'une manière ou d'une autre les esprits des morts, ce qui est une forme d'idolâtrie, j'interviendrai contre lui en l'excluant du peuple d'Israël[89].
>
> Qu'on ne trouve chez vous personne [...] qui interroge les morts[90].

Pourquoi des paroles aussi dures ? Dieu n'est-il pas amour ? La question suivante ainsi que le chapitre « La partie immergée de l'iceberg » vous permettront de cerner un peu mieux l'enjeu et les dangers du spiritisme.

2. Mon mari est décédé il y a six ans. Sa disparition étant trop douloureuse, j'ai cherché à entrer en contact avec lui au moyen du spiritisme. Ça marche. Quel est votre avis ?

Je comprends votre tristesse. Je comprends aussi le vide que cela représente de vous retrouver seule après tant d'an-

---

[88] La Bible : Livre du Lévitique, chapitre 19 verset 31 – version *Français courant*.

[89] La Bible : Livre du Lévitique, chapitre 20 verset 6 – version *Français courant*.

[90] La Bible : Livre du Deutéronome, chapitre 18 versets 10 et 11.

nées de vie commune. Mais je suis obligé de vous dire que ce n'est pas à votre mari que vous parlez. Au mieux, vous vous imaginez que vous parlez à quelqu'un et rien ne se passe au niveau spirituel : cela provient de votre imagination. Au pire, et cela est plus fréquent qu'on ne le pense, vous parlez à un démon. Les médiums et spirites sont complètement aveuglés sur ce qui se passe. Comme vous, ils ont l'impression de parler avec votre mari. Eux, comme vous, sont manipulés par ces esprits. Quelqu'un se moque de vous. Ce n'est pas Dieu. Mais bel et bien des esprits, aussi appelés démons.

Ce n'est pas de gaieté de cœur que je vous dis cela. C'est la triste réalité. La Bible ne peut être plus limpide. Selon Dieu, le contact avec les morts est impossible à l'homme. Il y a un gouffre entre le monde des vivants et celui des morts. La communication est impossible car ce monde est sous la juridiction de Jésus. « Mais, me direz-vous, je ne comprends plus ! Que se passe-t-il, à qui est-ce que je parle ? » À qui d'autre sinon à un démon ! Déjà Tertullien[91], qui vivait au 2e siècle de notre ère, affirmait que « lorsqu'on interroge les défunts, ce sont des démons qui nous répondent ». Les démons existent depuis la nuit des temps. Ils ne sont pas soumis à la mort comme nous. Ils assistent donc à la vie des vivants. Ils connaissent nos vies, en particulier la vie de ceux qui ont été pris par le filet du spiritisme ou d'autres pratiques occultes. Ils n'ont donc aucun mal à imiter une voix, à ressortir les expressions préférées du défunt ou à révéler certains détails sur la personne. Le tout, bien sûr, copieusement assaisonné de mensonges.

Pratiquer le spiritisme équivaut donc à discuter avec des démons. À ce jeu, l'homme perd toujours. Les conséquences sont dramatiques. Vous êtes en danger.

---

[91] Tertullien (né entre 150 et 160 et mort entre 230 et 240 après J.-C) est un des « Pères » de l'Église.

3. Que penser des médecines parallèles, par exemple l'acupuncture, l'homéopathie, l'iridologie, etc. ?

Je ne suis pas médecin. Par conséquent, je ne m'aventurerai pas très loin dans ce domaine. En tant que pasteur confronté à certaines pratiques, j'ai un avis sur le sujet. Avis qui a été éclairé par l'un ou l'autre spécialiste.

Quelques remarques :

- Il convient de ne pas diaboliser, ni de rejeter de prime abord d'autres manières de soigner sous prétexte qu'elles ne sont pas officielles, scientifiquement prouvées ou qu'elles sont nouvelles. Mais face à l'essor de ces médecines, il convient aussi de ne pas se « jeter » dessus les yeux fermés.
- Un discernement (venant de Dieu et de sa Parole, et non de nos bons sentiments ou des on-dit !) est nécessaire dès lors qu'on touche aux médecines parallèles. Un certain nombre de pratiques ne comportent rien d'occulte. En revanche, certaines médecines peuvent faire appel à des dons de médiumnité, de clairvoyance, à l'écriture automatique, au magnétisme, au pendule ou à bien d'autres choses. Comme pour les guérisseurs, je ne nie pas les résultats et le bien-être retiré. Je dis simplement que l'énergie, la puissance qui permet d'obtenir ces résultats est pourrie. Je m'insurge aussi contre ces thérapeutes qui utilisent des techniques occultes. Leur seul but est d'accroître leur clientèle. De gagner plus, au détriment de la santé. Le danger est réel. D'un point de vue spirituel, une énergie neutre n'existe pas. Soit elle est de Dieu et dans ce cas elle doit obéir aux principes bibliques, soit elle est occulte.
- L'engouement pour ces médecines provient en partie du fait que les thérapeutes prennent en considération l'homme dans sa globalité : corps, âme et esprit. Cette approche est intéressante. Il convient cependant de

veiller à certains aspects. Prendre l'homme dans sa globalité, sans mettre le Dieu de la Bible au centre, comporte des dangers. En effet, Dieu seul est à même de nous éclairer sur la globalité de notre être – corps, âme et esprit. En sous-estimant certains principes bibliques spirituels, le thérapeute risque tôt ou tard d'être en contact avec des philosophies antichrétiennes, avec des esprits, des puissances qui peuvent causer des dégâts psychologiques, émotionnels, spirituels et physiques sur sa personne et sur celle du patient. Une fois encore, croire en une énergie universelle neutre, bienfaisante est un leurre. Une erreur.

- Avant toute thérapie parallèle, il m'apparaît judicieux de se renseigner sur la médecine proposée. D'où vient-elle ? Quels sont ses fondements philosophiques ? Dérive-t-elle d'une croyance, d'une religion ? Si oui, laquelle ? La thérapie proposée est-elle compatible avec l'Évangile ? Le médecin ou thérapeute a-t-il été formé ? Si oui, où ? Que croit-il ? A-t-il des dons surnaturels ? Prenez le temps de discuter avec lui, parlez-lui de vos convictions, de votre foi en Jésus, si toutefois vous en avez une. Si vous avez un doute, si les choses sont troubles, s'il est question de dons, de pouvoirs magiques, laissez tomber. Adoptez le principe de précaution : abstenez-vous. Vous avez, au mieux, affaire à un charlatan, au pire à un individu qui possède des dons et qui peut, par conséquent, vous infecter spirituellement.

4. Dans la Bible, aucun passage ne condamne l'action des guérisseurs. Que faut-il en déduire ?

En effet, aucun texte de l'Écriture ne fustige les guérisseurs. Leur don viendrait-il alors quand même de Dieu ? Non.

- D'abord pour les raisons qui ont été présentées dans le chapitre deux : « Le pouvoir des guérisseurs ». À elles seules, ces raisons suffisent. Les pratiques des guérisseurs sont aux antipodes de la pratique biblique de la guérison.

- Ensuite, parce qu'en cherchant un peu, on trouve, assez facilement, une justification biblique à l'encontre des guérisseurs. C'est un ancien guérisseur professionnel, converti à Jésus-Christ, qui m'a éclairé sur cet aspect et je l'en remercie[92].

Bien des guérisseurs perçoivent, ressentent, visualisent la maladie de leur patient. Ils ont un don de perception extrasensorielle. C'est le cas de cet homme qui prend la main de ses clients. Au bout de quelques instants, il voit ou ressent tous leurs maux. Nous sommes là devant une forme flagrante d'expression du don de voyance. Or la voyance, peu importe sa forme, est clairement condamnée par Dieu.

5. Vous avez dit qu'il peut être dangereux de se faire imposer les mains, pourquoi ?

C'est à la fin d'une rencontre dont je suis l'orateur. Deux dames viennent me voir pour un entretien. Une sorte de « maître à penser, gourou » censé les initier spirituellement leur avait imposé les mains afin qu'elles reçoivent une puissance. L'une d'entre elles me dit : « Je ne comprends pas ce qui m'arrive. Depuis ce jour, je vois la vie des personnes défiler dans ma tête. Je sais ce qu'elles vivent, c'est dingue ! Je ne le maîtrise pas du tout. Que se passe-t-il ? » Un esprit dont ce gourou était habité a été transféré par l'imposition des mains. Un lien spirituel occulte s'est créé.

En soi, l'imposition des mains n'est pas dangereuse. Si la personne n'est pas « habitée par des démons », rien n'est à craindre. Rien à craindre non plus si un chrétien vous impose les mains. Dans la Bible, l'imposition des mains est pratiquée

---

[92] Il s'agit de Walter Vappiani, qui raconte son histoire dans le livre *La guérison du guérisseur*, Éditions BLF, 2010.

lors de la prière pour les malades, en vue de la réception du Saint-Esprit ou pour reconnaître un ministère donné par Dieu. Mieux vaut donc se renseigner sur la personne avant de se laisser imposer les mains. Demandez-lui qui est son maître et au nom de qui elle impose les mains. Si c'est Jésus-Christ de Nazareth, et que cette personne rend un bon témoignage, n'ayez aucune crainte. Sachez simplement que cet acte n'est pas neutre. La Bible insiste: «N'impose pas trop vite les mains à quelqu'un[93]».

6. Le diable peut-il avoir un accès chez le chrétien? Si oui, comment?

Un chrétien peut être dominé par des forces occultes. Ce qui ne signifie pas qu'il soit possédé. Il est sous mauvaise influence. Bien des chrétiens ont ouvert des portes au diable et à ses démons par leur refus de pardonner, par la colère, l'appât du gain, l'avarice, l'esprit de religiosité, les addictions aux jeux, à l'alcool, à la pornographie, à la drogue et à bien d'autres péchés. D'autres ont ouvert des portes aux démons par des pratiques occultes ou parce que leur famille, à leur insu, a fait appel à des esprits. Ils sont donc liés, ficelés dans leur esprit. Ils ressentent parfois même une oppression physique.

Pour s'en sortir, ils doivent se repentir, faire confiance à Dieu, apprendre à résister au diable, à utiliser les armes que Dieu leur donne et à s'ouvrir de leurs difficultés à une tierce personne[94]. Il leur sera aussi utile, surtout dans les cas d'occultisme, que lui-même ou un autre prie dans le nom de Jésus-Christ pour les délier. Je l'ai fait à bien des reprises pour des individus et l'effet était quasiment immédiat. Certains ont retrouvé le sommeil. D'autres ont été délivrés d'oppressions

---

93 La Bible: Première lettre de Paul à Timothée, chapitre 5 verset 22.

94 Voir la Bible: Première lettre de Pierre, chapitre 5 versets 8 et 9, ainsi que Lettre de Jacques, chapitre 4 verset 7 et Lettre aux Éphésiens, chapitre 6 versets 10 à 20.

et d'angoisses. D'autres encore ont expérimenté une nouvelle liberté. Leur vie chrétienne s'est enrichie. Ils ont retrouvé la joie. Chez tous, un poids a été ôté. Jésus libère.

7. Que penser des médailles et autres objets censés nous apporter protection, bénédiction et prospérité ?

En quoi est faite une médaille ou un autre porte-bonheur ? En bronze, en or, en argent, en métal, en pierre, en bois, en tissu ou en d'autres matériaux. Depuis quand un morceau de bois ou d'or peut-il apporter une bénédiction ? En lui-même, il n'a aucune puissance. Aucune possibilité d'agir. En fait, si : j'en vois quand même trois. La première est d'attraper des pigeons et d'enrichir les vendeurs. La deuxième puissance, dans certains cas, peut être celle de l'esprit, du démon, qui peut se cacher derrière l'objet[95]. Et la troisième est surtout le pouvoir que vous lui donnerez.

Certains trouveront ces croyances anodines et sans danger. Je précise juste que la superstition, même à plusieurs degrés, appartient à la grande famille de l'occultisme. Elle croit à l'existence de forces surnaturelles.

Un conseil : laissez tomber ces médailles et autres porte-bonheur. Vous perdez votre argent, votre temps, votre énergie. Faites confiance à Jésus. Il peut vous accorder protection et bénédiction, bien mieux que n'importe quelle médaille.

8. Une voyante m'a prédit que j'allais mourir à 37 ans. Ma mère est déjà morte jeune. Elle tirait les cartes et devinait l'avenir des gens. J'ai peur de mourir aussi jeune. Que faut-il faire ?

À cause des pratiques occultes de votre mère et des vôtres, vous avez ouvert une porte sur le monde spirituel oc-

[95] Des personnes ayant travaillé dans ce domaine ont constaté que, dans certains cas, un pouvoir peut être attaché à l'objet et provoquer des symptômes.

culte. Vous avez confié votre avenir à un autre, au diable et à ses démons. Ils ont donc un droit sur votre vie. Ils peuvent vous nuire. La mort de votre mère en est un triste exemple. Bien des personnes ayant pratiqué la voyance sont mortes jeunes, souvent de mort violente.

Votre avenir peut être différent de celui de votre mère. Si vous continuez dans vos pratiques, les esprits qui animaient votre mère et vous animent vous perdront. Inversez le cours des choses. Choisissez de demander pardon à Dieu pour le péché de divination, croyez en Jésus pour vous sauver, demandez-lui d'intervenir puissamment dans votre vie et déliez-vous dans le nom tout-puissant du Seigneur. Enfin, confessez à voix haute que votre vie appartient désormais à Jésus-Christ. Rejetez tout mensonge concernant votre avenir. Jésus est tout-puissant et souverain sur votre vie. Vous pouvez par conséquent lui accorder toute votre confiance. C'est lui qui conduit désormais votre existence.

9. Je suis chrétienne. Une de mes amies est allée consulter une voyante qui possède un don. J'aimerais l'aider. Que dois-je faire ?

Ne perdez surtout pas le contact avec votre amie. Vous êtes peut-être la seule personne de son entourage ayant la foi éclairée sur la réalité spirituelle de ce monde occulte. Dieu veut vous utiliser pour la sortir des griffes de ce monde enténébré.

Avant toute chose, prenez du temps dans la prière, dans la présence de Dieu, seule et avec des amis. Demandez à l'Esprit de Dieu de vous éclairer sur cette situation. Priez pour une révélation de l'amour et de la puissance de Dieu pour votre amie. Placez-vous, ainsi que votre famille, sous la protection de Jésus-Christ et de son précieux sang versé à la croix. Nommez chaque membre de votre famille. Continuez d'être présente et d'entourer votre amie d'affection. Si elle s'est tournée vers des voyants, cela veut dire qu'elle cherche des réponses, de l'aide, du secours. Dites-lui que Dieu peut lui accorder de l'aide bien mieux que les voyants. Parlez-lui de la Bible et de son merveilleux message d'espoir. Votre objectif n'est pas de lui faire un cours de morale mais de la conduire à celui qui l'aime, Jésus, et qui veut changer et remplir sa vie. Proposez-lui aussi, en sa présence, de prier pour elle. Armez-vous de patience et restez confiante.

10. Adolescente, alors que j'étais seule dans ma chambre, j'ai senti une main glaciale se poser sur la mienne pendant plusieurs secondes. Puis sur mes jambes. Un vent froid a ensuite soufflé sur mon visage. Cette expérience m'a terrifiée. Depuis, j'ai peur. Je me demande aussi s'il n'y a pas un lien entre cette expérience et les nombreux déboires que j'ai connus dans les années suivantes. Que dois-je faire ? Que s'est-il passé ?

Votre expérience n'est malheureusement pas unique. Il n'est pas rare de rencontrer des personnes ayant vécu des expériences plus ou moins similaires. Souffle froid, mains qui se posent sur leurs jambes, couvertures qui se serrent, étouffement, pièce qui devient glaciale et autres manifestations de ce genre. Ces expériences créent un profond malaise, une crainte, voire même une terreur chez la personne.

Une fois les raisons psychiques ou médicamenteuses écartées[96], je ne vois qu'une explication occulte. Bien des cas rencontrés avaient d'ailleurs un lien avec des esprits. Certains étaient la conséquence de pratiques occultes de la personne elle-même ou alors en lien avec un père, une mère ou un des grands-parents qui avaient un don de voyance, de guérison, de médiumnité. Dans d'autres cas, il n'y avait en apparence

[96] Des manifestations de ce genre peuvent apparaître dans des cas de troubles du comportement ou alors suite à la prise de certains médicaments. Je connais le cas d'une personne qui sentait une main se poser sur elle lorsqu'elle était au calme. Par contre, elle n'était pas terrifiée. Après vérifications, il s'est avéré que ce phénomène faisait partie d'un des nombreux effets indésirables d'un médicament qu'elle prenait.

aucun lien avec le monde occulte. Peu importe, les présences spirituelles étaient bel et bien réelles et démoniaques.

J'ai une bonne nouvelle. Vous pouvez être immédiatement débarrassée de ces présences spirituelles nocives, trouver paix, sérénité et recevoir la bénédiction de Dieu sur votre vie. Reportez-vous aux étapes proposées au chapitre cinq. Vous pouvez, bien sûr, demander de l'aide à quelqu'un. Mais apprenez surtout à prendre vous-même autorité au nom de Jésus-Christ et à résister au diable. Si vous êtes en Christ, vous avez toute l'autorité pour le faire. Vous pouvez être certaine que ces démons ne viendront plus jamais vous embêter ni vous ni votre famille. Je l'ai vu nombre de fois. Des hommes et des femmes ont témoigné qu'il n'y avait plus aucune présence nuisible. Ils étaient libres, grâce à Jésus-Christ. Ne restez pas dans cette situation. Vous pouvez être libre.

Aujourd'hui.

Fin

* * *

Vous avez été encouragé par la lecture de ce livre ? Dieu s'en est servi pour vous toucher ? Nous serions heureux d'avoir un mot de témoignage de votre part.

Écrivez à l'éditeur : info@blfeurope.com.

Table des matières

Du même auteur

Dans la même collection

Dans la même collection

Moi aussi je voudrais croire ! Mais…

Raphaël Anzenberger
Collection *Nouveau Départ*

L'auteur vous propose de redécouvrir celui qui vous invite à croire : Jésus-Christ. Il a vécu sur notre terre il y a 2000 ans. Il incarne encore aujourd'hui une image de Dieu qui déroute, différente de celle que nous ont laissée nos lointains souvenirs de catéchisme.

Cet ouvrage captivant répond aux objections les plus fréquemment formulées à l'encontre de Dieu. Le lecteur y trouvera matière à méditer ; il découvrira que la Bible est riche en réponses qui stimulent la réflexion et étanchent la soif du cœur humain.

96 pages • Réf. 2132

Je trouve la vie déjà bien difficile…

Fatima kachaou
Collection *Nouveau Départ*

Tu t'interroges sur la violence à l'école, la mort, le divorce des parents, etc. De toutes les peurs liées à ces événements de la vie que tes copains ou toi connaissez sûrement très bien.
À ces questions troublantes, l'auteure t'apporte, sous forme de courrier, des réponses originales mais toujours réalistes. En plus des nombreux conseils pratiques, tu feras connaissance au fil des chapitres de l'ami et « berger » des jeunes. Une découverte qui pourrait bien changer ta vie !

Agrémenté de jeux, enrichi de témoignages et d'illustrations, ce livre étonnant va te passionner. À lire même si l'on est plus grand. Pour vous parent, ami ou enseignant : à offrir dans tous les cas !

96 pages • Réf. 2158

Retrouvez notre catalogue complet
sur **www.blfeurope.com**

BLF Europe • Rue de Maubeuge • 59164 Marpent • France
Téléphone : (+33) (0) 3 27 67 19 15 • Fax : (+33) (0) 3 27 67 11 04
info@blfeurope.com